Für

Marius

Zu seinem
heutigen 31. Jeboordsdaag

Diana

Petrus Ceelen
Auf einen Espresso
365 Inspirationen für das Jahr – für das Leben

Petrus Ceelen

Auf einen Espresso

365 Inspirationen für das Jahr – für das Leben

www.bibelwerk.de
ISBN 978-3-460-30248-8

Alle Rechte vorbehalten
© 2013 Verlag Katholisches Bibelwerk GmbH, Stuttgart
© 1980 Katholische Bibelanstalt GmbH, Stuttgart
Umschlaggestaltung und Layout: Finken & Bumiller, Stuttgart
Titelbild: © photocase.com, Francesca Schellhaas
Satz: Olschweski Medien GmbH, Stuttgart
Gedruckt in der Tschechischen Republik

Für

André
Ernst
Heinz
Josef
Martin v. P.
Martin v. d. R.
Staf
Theo

meine Weggefährten
bis heute

JANUAR
1

Das neue Jahr liegt
wie ein offenes Buch
mit vielen Seiten vor dir.

Jeden Tag neu
schreibt dir das Leben
etwas in dein Buch.

Deine Biografie
ist zwar kein Bestseller,
aber spannend bis zuletzt.

Mit den Jahren lernst du,
zwischen den Zeilen zu lesen,
und du findest den roten Faden.

> Ein Buch ist wie ein Garten,
> den du in der Tasche trägst.
> *Arabisches Sprichwort*

JANUAR

2

Wir wünschen
einander viel Glück
und sind schon glücklich,
wenn uns das Leben
ein wenig gelingt.

Wir wünschen
ein glückliches Jahr
und sind schon froh,
wenn jeder neue Tag
uns ein wenig beglückt.

> Wach werden,
> Freude spüren,
> das Leben lieben,
> den Tag pflücken.

JANUAR
3

Im neuen Jahr lächeln wir
nicht öfters als im vorigen.
Und geweint wird auch
nicht weniger als bisher.

Tagesschau und Nachrichten
sind nach wie vor furchtbar.
Das Wetter ist nicht besser,
geklagt wird wie eh und je.

Im neuen Jahr bleibt alles
beim Alten – es sei denn:
Du, ja du machst manches anders
und fängst noch einmal neu an.

> Willst du die Welt verändern,
> fang bei dir selbst an.

JANUAR

4

Mit dem einen Gesicht
in die Vergangenheit schauen,
mit dem anderen in die Zukunft,
lehrt uns der Januar-Gott Janus.

Um weiter voranzukommen
müssen wir nach vorne schauen.
Blicken wir aber nicht zurück,
machen wir keine Fortschritte.

> Wir können das Leben nur im Rückblick
> verstehen,
> doch leben müssen wir es mit dem Blick
> nach vorn.
> *Sören Kierkegaard (1813–1855)*

JANUAR
5

Sie kennen den Weg,
gehen ihn aber nicht selbst.
Sie bleiben am Rande stehen,
zeigen anderen den Weg:
die Wegweiser.

Sie kennen den Weg nicht,
gehen ihn aber mit anderen.
Sie wandern treu zur Seite,
auch durch die dunkle Nacht:
die Wegbegleiter.

> Wer Sterbenden Geleit gibt,
> kriegt vieles mit.

JANUAR

6

Die meisten
scheinen mehr,
als sie sind.

Nur wenige
sind mehr,
als sie scheinen.

Einer
erschien unscheinbar,
aber sein Licht leuchtet.

Auch nach 2000 Jahren
ist er für viele immer noch
der Lichtblick im Dunkel.

> Das Fest der Erscheinung des Herrn
> ist für die Kirchen des Ostens ihr Weihnachtsfest. Die westlichen Kirchen dagegen feiern an diesem Tag das Fest der Heiligen Drei Könige. Caspar, Melchior und Balthasar sind auch Patrone der Reisenden. Hieran erinnern Gasthausnamen wie Mohren, Stern und Krone.

JANUAR 7

Wenn du dir wirklich
jeden Wunsch erfüllen könntest,
wärst du nicht wunschlos glücklich.

Wenn du wirklich alles hättest,
würde dir immer noch etwas
fehlen:
ein offener Wunsch.

Kaum ist ein Wunsch erfüllt,
bekommt er augenblicklich Junge. –
Ein wahres Wort von Wilhelm
Busch.

> Erfüllte Wünsche sind zu wenig,
> um Er-füllung, die Fülle des Lebens,
> zu erfahren.

JANUAR

8

Du kannst dich
im Schatten sonnen.

Du kannst aus Zitrone
Limonade machen.

Und aus einem Kreuz
ein Pluszeichen.

Du kannst aus allem
das Beste machen.

Das ist die Kunst,
die Lebenskunst.

> Lache,
> wenn es zum Weinen nicht reicht.
> *Berliner Spruch*

JANUAR
9

Hast du heute
schon gelacht?

Und dich auch
schon gespürt?

Hast du heute
schon gelebt?

Und auch schon
Danke gesagt?

Warte nicht
bis morgen.

> Ein Heute ist besser
> als zehn Morgen.

JANUAR

10

Lachst du in dich hinein,
freut sich dein Innerstes.
Lachst du von Herzen,
schüttest du Hormone aus,
lockerst hundert Muskeln.

Lachst du Tränen,
badest du deine Seele.
Lachst du über dich,
freut sich das Menschlein,
das du ich nennst.

> Liebe Lacherin, lieber Lacher.
> Heute ist Weltlachtag.
> Lachen ist gesund, solange du dich
> nicht totlachst.

JANUAR
11

Schwarzsehen schadet,
schwächt deine Abwehrkräfte,
macht dir das Leben schwer.
Grübeln führt in die Grube.

Grab nicht dein eigenes Grab.
Sing lieber morgens ein Lied
und vergiss nicht zu lachen;
dann lebst du viel leichter.

> Überlass dich nicht der Sorge,
> schade dir nicht selbst durch dein Grübeln!
> Herzensfreude ist Leben für den Menschen,
> Frohsinn verlängert ihm die Tage.
> *Sir 30,21-22*

JANUAR
12

Wenn wir wüssten,
wann unsere letzte Stunde schlägt,
würden wir noch viel häufiger
auf die Uhr schauen.

Wenn wir wüssten,
wo und wie wir sterben werden,
würden wir noch unruhiger schlafen
und noch seltener lachen.

Wenn wir wüssten,
was in den Sternen steht,
würden wir noch viel seltener
zum Himmel schauen.

> Je mehr Wissen wir haben,
> desto unsicherer werden wir.

JANUAR
13

Ein wenig Wärme
und der Schnee
schmilzt.

Ein wenig Sonne
und das Eis
bricht.

Ein wenig Güte
und wir
tauen auf.

> Ein warmes Herz
> verwandelt einen Stall
> in eine Wärmestube.

JANUAR 14

Da gehen wir jahrelang
durch dieselben Straßen
und entdecken plötzlich
überrascht etwas Neues.

In solchen Augenblicken
nehmen wir erst wahr,
wie vieles wir in nächster
Nähe nicht sehen.

Manchmal fällt es uns
wie Schuppen von den Augen,
was wir alles ausblenden,
wie blind wir sind.

> Man sieht oft etwas hundertmal,
> tausendmal,
> ehe man es zum allerersten Mal
> wirklich wahrnimmt.
> *Christian Morgenstern (1871–1949)*

JANUAR 15

Jeder Tag ist ein Stückchen
im Puzzle unseres Lebens.

Immer wieder herausfinden,
wie eins ins andere passt.

Allmählich fügen sich die Teile
zu einem Ganzen zusammen.

Im Rückblick zeigt sich erst,
wie gut manches gepasst hat.

Und auch das letzte Stückchen –
es wird sich fügen.

> Herr, Dir in die Hände,
> sei Anfang und Ende,
> sei alles gelegt.
> *Eduard Mörike (1804–1875)*

JANUAR
16

Es kommt anders,
anders, als wir denken.

Es kommt so
und nicht anders.

Und so wie es kommt,
ist es gut.

Anders, als wir denken:
So, wie es ist, ist es gut.

> Der Mensch sagt so und so.
> Der Himmel antwortet:
> Nicht so, nicht so.
> *Aus China*

JANUAR 17

Bei Glatteis
gehen die Menschen
Arm in Arm.
Einander Halt geben
in der Not.

Zusammenhalten,
Leid miteinander teilen
und sich Mut machen.
Ein gutes Wort wärmt
für drei Winter.

> Das Wort, das dir hilft,
> kannst du dir selbst nicht sagen.
> *Aus Äthiopien*

JANUAR

18

Keiner ist eine Insel.
Allein kann keiner sein.
Einer lebt vom anderen.
Einer liebt den anderen.

Wir brauchen einander.
Ein Mensch allein kann
selbst im Paradies nicht
einmal glücklich sein.

Für sich kann keiner sein.
Wir leben füreinander.
Miteinander werden wir
zu menschlichen Menschen.

> Ein Mensch allein
> ist noch kein Mensch.

JANUAR
19

Wie konnte ich nur…
Wäre ich damals doch …
Hätte ich nur nicht …

Du kannst den Weg,
den du gegangen bist,
nicht rückgängig machen.

Du kannst im Leben
nur einen Weg gehen
und das ist gut so.

Du kannst jeden Tag
ein wenig weiterkommen
auf dem Weg zu dir.

> Marathon: der lange Lauf
> zu mir.

JANUAR
20

Geh du den Weg,
den noch niemand ging.
Geh du den Weg weiter,
den nur du gehen kannst.

Lass die Leute reden.
Und die Vögel pfeifen.
Dein Weg ist dein Weg.

Und wenn du ihn dann
zu Ende gegangen bist,
lautet dein letztes Lied:
I did it my way.

> Fehler, Fehltritte gehören zu jedem
> Lebensweg.
> Ohne unsere Fehltritte verfehlten wir
> unseren Weg.
> Ohne unsere Fehler würde uns die
> Voraussetzung fehlen,
> um voll und ganz Mensch zu sein.

JANUAR
21

Woher kommen wir?
Wohin gehen wir?
Warum sind wir hier
auf dieser Welt?

Kinder kommen,
Generationen gehen,
die Fragen bleiben,
Antworten vergehen.

Hin und wieder
ein heller Moment.
Da freuen wir uns,
wir Pfad-finder.

> Auf dem dunklen Pfad, auf dem ein Mensch hier auf Erden gehen muss, gibt es gerade soviel Licht, wie er braucht, um den nächsten Schritt zu tun. Mehr würde ihn nur blenden …
> *Moses Mendelssohn (1729–1786)*

JANUAR
22

Das Leben ist eine Lotterie
mit großen Gewinn-Chancen.

Manche haben Riesen-Glück,
andere dagegen nur Pech.

Einige ziehen das große Los,
nicht wenige nur Nieten.

Viele sind schon als Kind
auf der Verliererstraße.

Chancenlos. Loser.
Obdachlos. Heimatlos …

Wenn wenigstens alle
eine faire Chance hätten.

> Der schüchterne Alfons sagt zu der
> feschen Elvira:
> „Sie würden mich zum glücklichsten
> Menschen machen,
> wenn Sie mich heiraten und mein Los
> mit mir teilen würden." –
> „So", zeigt sich Elvira interessiert,
> „wieviel haben Sie denn gewonnen?"

JANUAR
23

Früher
zählte ich
die Jahre.

Später
zählte ich
die Monate.

Heute
zählt nur noch
der Tag heute.

Und der zählt
24 Stunden mal
sechzig Minuten.

Eine Menge Zeit,
ein Stück Leben:
Heute!

> Den heutigen Wein trinke ich heute.
> Das Leid von morgen trage ich morgen.
> *Aus China*

JANUAR

24

Wir wissen,
wieviel Uhr es ist.
Wie spät es ist,
weiß niemand.

Wir wissen,
welcher Tag heute ist.
Was morgen ist,
weiß niemand.

Weiß Gott.

> Beginne jeden Tag,
> als wäre er der erste.
> Beschließe jeden Tag,
> als wäre er der letzte.
> *Griechisches Sprichwort*

JANUAR
25

Wenn ein armer Schlucker
sich täglich volllaufen lässt,
ist er ein Penner.

Wenn die Frau Direktor
ihren Lieblingslikör leert,
ist sie weiterhin eine Dame.

Wenn ein vornehmer Mann
eine Frau für Sex bezahlt,
bleibt er ein feiner Herr –
und sie für ihn eine Hure.

> Zweierlei Gewicht und zweierlei Maß,
> beide sind dem Herrn ein Gräuel.
> *Spr 20,10*

JANUAR 26

Mein Feind
ist nicht so schlecht,
wie ich meine.

Niemand
ist so schlecht,
wie sein Ruf.

Meine Freundin
ist nicht so gut,
wie ich meine.

Niemand
ist so gut,
wie sein Nachruf.

> Laudatio ist das lateinische Wort für
> Leichenrede.
> Verblichene werden über den grünen
> Klee ins Grab gelobt,
> manche sogar regelrecht in den
> Himmel hinein.
> Durch zu viel Weihrauch werden
> selbst Heilige rußig.

JANUAR
27

In jedem Menschen steckt
ein Massenmörder Hitler
und eine Mutter Teresa.

Dieser Widerspruch spricht dafür,
dass wir zu allem fähig sind –
im Bösen wie im Guten.

Wir vereinen das Unvereinbare.
In jedem von uns ist zugleich
ein Engel und ein Teufel zuhause.

27. Januar:
- *Die Heilige Angela: die Engelhafte.*
- *Gedenktag des Nationalsozialismus, Befreiung des KZ Auschwitz.*

JANUAR
28

Versuche nicht
mit allen Mitteln
mehr darzustellen,
als du bist.

Gib dich einfach so,
wie du bist.
Dann bist du gut,
echt gut.

> Viel Kälte ist unter uns Menschen,
> weil wir nicht wagen,
> uns so herzlich zu geben, wie wir sind.
> *Albert Schweitzer (1875–1965)*

JANUAR
29

Ein Lächeln
ist der kürzeste Weg
zwischen zwei Menschen.

Wir aber wählen oft
einen weiten Umweg,
um auf andere zuzugehen.

Umständliche Erklärungen,
nichtssagende Floskeln,
vorsichtiges Abtasten.

Lächelnd
kürzen wir den Weg ab,
kommen uns gleich näher.

> Schade,
> dass du nicht siehst,
> wie dein Gesicht leuchtet –
> durch dein Lächeln.

JANUAR
30

Je schneller du fährst,
desto eher bist du am Ende.

Lass dein Leben
nicht so schnell fahren.

Lerne langsam leben,
dann wirst du erfahren:
Der Weg ist das Ziel.

> Wer langsam geht,
> kommt schneller zu sich.

JANUAR
31

Der Januar ist schon vorbei.
Bald ist Fasching, dann Ostern.
An Pfingsten fahren wir fort.
September sind wir auf Sylt.

Wir sind der Zeit stets voraus
und jagen ihr hastig hinterher.
Nehmen wir uns lieber die Zeit,
heute, hier und jetzt zu leben.

    Jetzt ist die Zeit.
    Zu jeder Zeit.
    Jederzeit.
    Immer jetzt.

Februar

FEBRUAR
1

Ein aufmunterndes Wort,
ein paar Streicheleinheiten,
ein wenig Zuwendung,
ein liebes Lächeln.

Davon leben wir –
mehr als von Brot.

Wir benötigen
mehr als das Nötige.
Das Nicht-Nötige
brauchen wir brotnötig.

> Als ich Lore frage: „Was brauchst du eigentlich?", antwortet sie: „Ich brauche einen Menschen, der mir sagt: Gut, dass es dich gibt."

FEBRUAR

2

Wir Menschen sind wie Kerzen,
kämpfen gegen das Dunkel an.

Unser Licht brennt oft ganz ruhig,
dann wieder flackert es plötzlich auf.

Manche Flamme erlischt schlagartig.
andere brennen ganz langsam aus.

Viele sind schon längst erloschen,
aber ihr Licht leuchtet weiter
in unseren Herzen.

2. Februar:
Eine Frage für: Wer wird Millionär?
Mariä Lichtmess – Was wird an diesem
Tag eigentlich gefeiert?
a) Eine Messe mit vielen Kerzen
b) Das Ende der Weihnachtszeit
c) Marias Reinigung nach der Geburt
d) Darbringung Jesu im Tempel

Lösung: d) Darbringung Jesu im Tempel

FEBRUAR
3

Schmutzige Gedanken, Fantasien,
Schuldgefühle, schlechtes Gewissen,
Scham, Verwünschungen, Fehltritte.
Durch häufiges Duschen und Baden
können wir uns nicht reinwaschen.

Wir wischen, putzen, schrubben,
wir sind die reinsten Reinemacher.
Wir waschen uns von Kopf bis Fuß,
doch sauber werden wir erst dann,
wenn wir mit uns im Reinen sind.

> Februar ist der Monat der Besinnung,
> der Läuterung und Reinigung.
> februare = reinigen. Läuterung durch
> Fasten, was auch der Darmreinigung
> dient.

FEBRUAR

4

Wer ein reines Herz hat,
ist aufrichtig, ehrlich
und frei von jeder Gier.

Wer ein reines Herz hat,
ist ohne Hintergedanken,
tut nichts Hinterhältiges.

Wer ein reines Herz hat,
redet nicht doppeldeutig –
er ist in allem einfach klar.

Wer ein reines Herz hat,
der kann Hell-sehen –
mit geschlossenen Augen.

> Selig, die ein reines Herz haben;
> denn sie werden Gott schauen.
> *Mt 5,8*

FEBRUAR
5

Viel zu viel Gott.
Gott als Senf dazugegeben.
Gott als Butter, als Sauce ...

Da haben wir den Salat!
Jetzt kann nur Gott noch helfen.
Ogottogott!

Das Allerweltswörtchen Gott
bringt uns in Teufels Küche
und versalzt uns die Suppe.

> Jetzt hilft nur noch beten.
> Nur beten allein hat noch nie geholfen.

FEBRUAR

6

Dass Du ihn hast
hängen lassen,
war gar nicht lieb.

Dass Du Menschen,
das Liebste nimmst,
ist ganz gemein.

Dass Du uns
nur Deine Liebe lässt,
ist nicht nett.

Viel lieber wäre uns,
wenn Du das tätest,
was uns lieb wäre.
Lieber Gott.

> Ein Hund kommt beim Joggen am Meer
> auf mich zugerannt.
> Die Besitzerin ruft aus der Ferne.
> „Der tut nichts. Der ist lieb!"
> Ach, du lieber Gott! Weil du nichts tust,
> bist du lieb!?

FEBRUAR
7

Niedlich, wie wir verniedlichen.
Ein paar Bierchen, ein Fässle,
ein – zwei Viertele, ein Fläschle.

Nur noch ein Schlückchen …
In Wahrheit ist es immer mehr.
Immer mehr wird es in Wahrheit.

In vino veritas. Wie wahr!
Aber wir werden es immer erst
nach ein paar Gläschen gewahr.

> 136,9 Liter Bier, Wein, Sekt, Spirituosen,
> eine volle Badewanne trinkt jährlich
> jede(r) von uns. Saufen sagt man nicht.

FEBRUAR

8

Beim Lesen geht uns
bisweilen ein Licht auf.
Plötzlich leuchet uns ein,
was uns verborgen war.

In mancher Geschichte
begegnen wir uns selbst.
Diese eine Romanfigur,
das bin doch ich.

Und alles, was sie sagt,
spricht mir aus der Seele.
Ich bin ja auch ein Buch
mit sieben Siegeln.

> Ein Buch ist ein Spiegel.
> Wenn ein Affe hineinguckt,
> so kann freilich kein Apostel heraussehen.
> *Georg Christian Lichtenberg (1742–1799)*

FEBRUAR
9

Worthülsen, Wortblasen,
wir blähen uns mächtig auf
mit leeren Übertreibungen.
Alles ist heute super, mega,
spitze, legendär, fantastisch,
sensationell, spektakulär ...

Wir sind maßlos überfüttert
mit Fast-Food-Sprüchen,
machen gewaltig viel Wind,
leiden an Wortdurchfall,
bis ein einziges Wort uns
trifft, kränkt, krank macht.

> Wischi wäscht super ultra-weiß.
> Wischi-Waschi spült alles weich,
> super seicht. Lenorspiritualität.

FEBRUAR

10

Deine Eltern
hast du vorgefunden,
damit ihr zueinander findet.

Deinen Namen
hast du vorgefunden,
damit du zu dir findest.

Dein Gesicht
hast du vorgefunden,
damit die anderen zu dir finden.

Wenn du das Vorgefundene
selbst hättest auswählen können,
wärst du immer noch am Suchen.

> Man kann in der Wahl seiner Eltern
> nicht vorsichtig genug sein.

FEBRUAR
11

Mit 17
gab ich an:
Ich bin fast zwanzig.

Mit 37
gab ich an:
Ich bin Mitte dreißig.

Mit 57
gab ich an:
Ich bin gut fünfzig.

Mit 70
feierte ich
zum fünfzigsten Mal
meinen 20. Geburtstag.

Angabe
ist angeblich
auch eine Gabe.

> Keine Grenze verlockt mehr
> zum Schmuggeln als die Altersgrenze.
> *Robert Musil (1880–1942)*

FEBRUAR

12

Als ich dreißig wurde,
traute ich meinen Ohren nicht:
Das ist doch noch kein Alter.

Ob vierzig, fünfzig, sechzig;
immer hörst du diesen Satz:
Das ist doch noch kein Alter.

Selbst bei meinem siebzigsten
trauten sie mir noch zu sagen:
Das ist doch noch kein Alter.

Im Sarg werde ich froh sein,
dass ich nicht mehr hören muss,
was ich nicht mehr hören kann:

Das ist doch noch kein Alter.

> Wann fängt das Alter eigentlich an?
> Als ich meine 96-jährige Mutter fragte,
> warum sie nicht zum Altennachmittag
> geht, antwortet sie mir: "Ach Junge, so
> was ist für alte Leute!"

FEBRUAR
13

Manche Menschen möchten
noch einmal zwanzig sein,
allerdings mit der Erfahrung,
die sie heute haben.

Nur: Er-fahrung kommt von fahren.
Erfahren werden wir erst durch das,
was uns unterwegs widerfährt,
auf der Reise durchs Leben.

> Als ich die 98-jährige Hannie frage,
> ob sie noch einmal 60 sein möchte,
> antwortet sie: 60? Nein!! Aber ich wäre
> froh, wenn ich noch einmal 90 wäre.
> Und ich wäre froh, wenn ich auch so
> weit käme.

FEBRUAR
14

Junge und alte Pärchen,
homo- und hetero Paare
sagen heute durch Blumen:
Ich liebe dich.

Am St. Valentinstag fangen
die Vögel an sich zu paaren,
pfeifen es von den Dächern:
Ich liebe dich.

> "Als echtparen echt paren,
> hebben de echtgenoten echt genoten."
> Ich wusste nicht, dass du so gut Niederländisch verstehst.

FEBRUAR
15

Wenn zwei sich richtig lieben,
rücken sie ab von der Norm
und sind ganz normal verrückt.

Wenn zwei sich richtig lieben,
die von der Norm abrücken,
gelten sie als nicht normal.

Ihre Liebe ist aber nicht anders
als die der sogenannten Normalen.

>Vom anderen Ufer sein,
sagen die vom anderen Ufer.
Verkehrtherum,
die normal Verkehrenden.

FEBRUAR
16

Der fragende Mensch
braucht eine Antwort,
keine Worte.

Der zweifelnde Mensch
braucht Zuspruch,
keine Sprüche.

Der verzweifelte Mensch
braucht Trost,
keine Vertröstung.

Der leidende Mensch
braucht Mitgefühl,
kein Mitleid.

> Oder ist einer unter euch, der seinem
> Sohn einen Stein gibt, wenn er um Brot
> bittet,
> oder eine Schlange, wenn er um einen
> Fisch bittet?
> *Mt 7,9-10*

FEBRUAR
17

Geld, Getränke,
Fahrkarte, Benzin,
Brot, Briefmarken …

Alles
bekommen wir
am Automat.

Automatisch
fehlt uns etwas.
Das Menschliche.

Kein Ersatz kann
den Menschen ersetzen.

FEBRUAR
18

In die Gänge kommen.
Gas geben. Überholen.
Auf etwas abfahren.

Der Lack ist ab.
Die Zündkerzen schwach.
Die Luft ist raus. Rostflecken.
Der Auspuff bekommt Risse.
Das Kühlwasser tropft.

Trotzig fahren wir weiter,
bis unsere Schrottkiste
den Geist aufgibt.

> Auto = Selbst.
> Der Mensch selbst ein Auto.
> Ein ziemlich abgefahrener Typ.

FEBRUAR
19

Fasching.
Sich verkleiden.
Aus der Rolle fallen.

Karneval.
Es lebe das Fleisch.
Die Sau rauslassen.

Carne vale.
Fleisch lebe wohl.
Du, geliebter Body!

Letztlich bist du
nach Martin Luther
nur ein Madensack.

> Nach unserem Tod sind wir nicht nutzlos.
> Wir decken den Tisch für die Würmer.
> *Mettre la table pour les asticots,*
> nennen die Franzosen diesen letzten
> Dienst.

FEBRUAR
20

An Aschermittwoch haben
die Narren nichts mehr zu sagen,
die Jecken nichts mehr zu lachen.

Das Aschenkreuz auf die Stirn
macht endgültig Schluss mit lustig.
Du, denk daran: Endlich bist du!

Keine frohe, eine rohe Botschaft!
Doch weil wir sterben müssen,
lieben wir das Leben umso mehr.

> Das Aschenkreuz auf die Stirn –
> knochenharte Kon-frontation:
> Vom Staub bist du genommen
> und zum Staub kehrst du wieder.
> Unglaublich das Glaubens-Kontra:
> Der Herr wird dich auferwecken.

FEBRUAR
21

Woher der Staub nur kommt?

Staub fegen, Staub wischen,
ständig sind wir am abstauben,
wirbeln selbst noch Staub auf,
bis wir Staubgeborene uns
still aus dem Staub machen.

Wohin der Staub wohl geht?

> Er weiß, was wir für Gebilde sind;
> er denkt daran: Wir sind nur Staub.
> *Ps 103,14*

FEBRUAR

22

Eine Schneelandschaft
lobt leise den Schöpfer.
Eisig kalte Schönheit
lässt uns stille werden.

Schneekristalle,
gefrorene Kunstwerke,
sechsstrahlige Sterne
fallen vom Himmel.

Vor unseren Füßen
Schneeglöckchen blühen,
künden im kalten Winter:
Uns blüht das Leben.

> Preist den Herrn, Eis und Kälte;
> lobt und rühmt ihn in Ewigkeit!
> *Dan 3,69*

FEBRUAR
23

Ich ziehe
eine ernste Miene
und bin vergnügt.

Du machst
ein langes Gesicht
und freust dich.

Er spielt
den starken Mann
und zittert.

Sie lächelt
ihm zu und denkt:
O Nein!

Wir spielen
alle miteinander
unsere Spielchen.

> Mienenspiel, Wortspiel, Gedankenspiel,
> Vorspiel, Nachspiel, Zwischenspiel,
> Spielzeug, Spielball, Spielgeld …
> Spielend leben lernen.

FEBRUAR
24

Ohne Masken kann das Theater
nicht über die Bühne gehen.

Aber hin und wieder müssen wir
unsere Masken fallen lassen.

Wir brauchen uns im Bett nicht
auch noch etwas vorzuspielen.

Ohne Maske, ohne Verkleidung,
nackt sind wir uns natürlich nahe,
als Menschen aus Fleisch und Blut.

> Dem Menschen ist ein Mensch
> immer noch lieber als ein Engel.
> Das ist die nackte Wahrheit.

FEBRUAR
25

Wir stellen uns dar,
setzen uns in Szene.
Wir spielen uns auf,
genießen unseren Auftritt.

Und wie es uns gefällt,
im Rampenlicht zu stehen.
Und wenn wir dann auch
noch Applaus bekommen.

Ohne zu proben sind wir
gut aufeinander eingespielt.
Meist merken wir gar nicht,
wie wir Theater spielen.

Es ist schon ein tolles Stück:
Ob Prinzessin oder Penner –
jeder spielt an und für sich
die Hauptrolle.

> Mein Leben war wie ein Theaterstück:
> Irre, bunt und immer verrückt.
> Wie lang es war, ist ganz egal,
> denn es war einfach wunderbar.
> *Bubus Todesanzeige, ohne Altersangabe*

FEBRUAR
26

Wir hatten nicht die Wahl,
ob wir mitspielen wollen.
Ungefragt wurden wir
auf die Bühne gestellt.

Und so spielen wir wohl
oder übel unsere Rollen,
rätseln immer noch herum,
wer hinterm Vorhang steht.

Und ungefragt müssen wir
wieder von der Bühne abtreten,
ohne genau gewusst zu haben,
was das Theater eigentlich soll.

> Ich komm – weiß nicht, woher.
> Ich geh – weiß nicht wohin;
> mich wunderts , dass ich fröhlich bin.
> *Mittelalterliches Gedicht*

FEBRUAR
27

Die Zahnlücken
überbrücken,
die Falten
übertünchen,
die Schwächen
überspielen,
die Nöte,
überdecken,
das Theater
überstehen –
mit einem Lächeln.

Einige haben sogar
noch ein Lächeln übrig
beim Abgang von der Bühne.

> "Freut euch, Freunde, die Komödie ist beendet."
> *Ludwig van Beethoven, kurz vor seinem Abgang 1827.*

FEBRUAR

28

Nackt kamen wir zur Welt,
wurden gleich eingewindelt,
bekamen Kinderkleider.

Für das tägliche Theater
ziehen wir uns schön an,
um andere anzuziehen.

Aber auch ohne Kleider
kann sehr anziehend sein.
Nackt treten wir ab.

Doch im Sarg liegen wir
wieder schön verkleidet:
todschick.

> Frau Maria M., eine alte, sehr bescheidene Bäuerin, lag in ihrem Sarg wie eine schlafende Prinzessin, geschminkt, mit roten Lippen. Auf ihrem Gesicht trug sie einen Schleier mit Spitzen. Hätte Frau M. sich selbst so liegen sehen, hätte sie bestimmt gesagt: "Das bin doch nicht ich."

FEBRUAR
29

Heute
ist kein Tag
wie jeder andere.

Der Tag heute
ist einmalig
wie jeder andere.

> Manchmal denke ich: Schade, dass ich nicht am 29. Februar geboren bin. Dann wäre ich noch keine 18 … Und meine Kinder schon 40! Aber wenn ich es richtig bedenke, bleibe ich doch lieber der Alte.

MÄRZ
1

Morgen,
kommende Woche,
nächstes Jahr vielleicht.

Irgendwann
möchte ich anfangen
aufzuhören.

Heute fange ich an,
meinen guten Vorsatz
in die Tat umzusetzen.

Heute fange ich an.

> Fange nicht an aufzuhören,
> höre nicht auf anzufangen
> bei dir selbst.

MÄRZ
2

Ohne mein Bierchen,
ohne mein Glas Wein
fehlt mir was:
Alkohol.

Ohne Handy
merken wir erst,
wie sehr das Handy
uns in der Hand hat.

> Der März wurde früher auch Fastenmonat genannt. Fast sieben Wochen ohne. Ohne Fleisch, Schokolade, Alkohol. Das schaffen nur Fasten-Freaks.
> Für Otto Normalverbraucher ist ein Tag ohne auch nicht ohne.

MÄRZ
3

Abnehmen an Gewicht.
Weniger Kalorien.
Der Linie zuliebe.

Zunehmen im Glauben.
Mehr Gottvertrauen.
Dem Leben zuliebe.

> O Herr, in deinen Armen bin ich sicher.
> Wenn du mich hältst, habe ich nichts zu fürchten.
> Ich weiß nichts von der Zukunft, aber ich vertraue auf dich.
> *Franz von Assisi (1182–1226)*

MÄRZ
4

Das junge Mädchen,
der 98-jährige Methusalem,
das Model, der Müllmann,
die Bischöfin, der Bettler,
alle möchten sie das Gleiche.

Ob bisexuell oder bigott,
ob dick oder dünn,
ob du oder ich, ein jeder
möchte anerkannt werden
als der Mensch, der er ist.

> Einen Menschen anerkennen
> fängt damit an,
> dass ich seinen Namen kenne.

MÄRZ
5

Viele haben
mehr im Bauch
als im Kopf.

Manche haben
mehr im Kopf
als im Herzen.

Andere haben
mehr in der Hose
als im Hirn.

Und alle haben wir
mehr Wasser im Kopf
als Hirn.

    Denke nach und werde schlank.
    Wampe weg in vier Wochen.
    O Herr, schmeiß Hirn ra.

MÄRZ
6

Weniger essen,
mehr genießen.

Weniger fernsehen,
weiter sehen.

Weniger reden,
mehr zuhören.

Weniger scheinen,
mehr sein.

Weniger ist vielfach
mehr.

> Weniger Kaffee,
> mehr Kraft.
> Weniger Koffein,
> mehr Konzentration.
>
> Auf einen Espresso!

MÄRZ
7

Braten, Wurst, Salami,
Steaks, Schnitzel, Schinken ...
Der Tod auf dem Teller
hat viele Gesichter.

4 Rinder, 4 Schafe, 12 Gänse, 37 Enten,
46 Puten, 46 Schweine, 945 Hühner.

So viele Gesichter hat
der Tod auf dem Teller
in einem Menschenleben –
und doppelt so viele Augen.

> Der Mensch ist,
> was er isst.
> *Ludwig Feuerbach (1804–1872)*

MÄRZ
8

Früher
sagte man,
was Mann sagt.

Heute
tut man,
was Frau sagt.

Oh Mann,
heute ist einmal mehr
der Tag der Frau.

Weltfrauentag.

> Das Fräulein sucht frustriert das
> Männlein,
> das Mädchen fragt, wo das Jüngchen
> bleibt.
> Und die Frauen in der Kirche fordern
> forsch:
> Kardinälinnen, Eminenzinnen,
> Exellenzinnen.
> Und endlich eine schwarze Päpstin.

MÄRZ
9

Du erinnerst dich an manches,
was du gern vergessen möchtest.

Du hast vieles vergessen,
an das du dich gern erinnern würdest.

Du, ich sag dir, dein Gedächtnis,
das kannst du vergessen.

Manche kommen so weit,
dass sie vergessen, dass sie vergessen.
Das kann auch ein Segen sein.

> Wer hier trinkt, um zu vergessen,
> wird um Vorauszahlung gebeten.
> *Kneipenspruch*

MÄRZ
10

Wir vertuschen und verschleiern,
um uns keine Blöße zu geben.

Wir halten unsere Scham bedeckt,
um nicht bloßgestellt zu werden.

Wir verkleiden uns mit Kleidern,
um bloß nicht nackt zu erscheinen.

So aber hat Gott uns doch erschaffen
in unserem Adams- und Evakostüm.

> Wenn wir es recht überdenken,
> so stecken wir doch alle
> nackt in unseren Kleidern.
> *Heinrich Heine (1797–1856)*

MÄRZ
11

Die Kleider,
die wir zu viel haben,
fehlen den Nackten.

Die Kilos,
die wir zu viel haben,
fehlen den Hungernden.

Die Kinder,
die sie zu viel haben,
fehlen uns.

Wir haben viel
zu wenig
Solidarität.

> Jedes Kilo Übergewicht verkürzt unser Leben um acht Monate.
> Jedes Kilo Untergewicht verkürzt das Leben der Ärmsten um acht Jahre.

MÄRZ

12

Tafelbrötchen, Sojabrot,
Vollkornseelen, Brezeln,
Müslibrötchen, Ciabatta ...

Käsestangen, Pariser Brot,
Kleiebrötchen, Fitnessbrot,
Sonnenblumenkernbrötchen ...

Vieles,
was wir brotnötig brauchen,
brauchen wir nicht.

Vieles,
was wir nicht brauchen,
fehlt anderen brotnötig.

> Herr, gib, dass die Hungernden satt
> und die Satten hungrig werden.
> *Afrikanisches Tischgebet*

MÄRZ
13

Keine Jahreszeit sehnen wir
so sehr herbei wie den Frühling.
Gerüche und Düfte bringen
unsere Hormone in Schwung;
es drängt uns nach draußen.

Die ersten Sonnenstrahlen
erwärmen unsere Seele.
Und auch die Singvögel
mit ihren frohen Stimmen
bringen uns in Stimmung.

Doch die Jahreszeiten
kennen keinen Kalender.
Nicht selten friert der Winter
unsere Frühlingsgefühle ein.
Wochenlang. Eiskalt.

> Früher lag an Weihnachten Schnee
> und an Ostern stand alles in Blüte.
> Inzwischen gibt es öfter mal ein
> weißes Ostern.
> Das Wetter ist auch nicht mehr das,
> was es einmal war.

MÄRZ 14

Drei Haare
in der Suppe
sind viel.

Drei Haare
auf dem Kopf
sind wenig.

Viel und wenig
sind manchmal
gleich viel.

> Ein alter, sehr reicher Chinese hatte nur noch drei Haare. Jeden Morgen ließ er sich einen Zopf machen. Eines Tages fielen ihm zwei Haare aus. Auf dieses Unglück reagierte er ganz ruhig und sagte: „Das ist nicht so schlimm. Von heute an trage ich mein Haar offen."

MÄRZ
15

Andere hören nicht auf dich.
Er gehorcht dir blind.

Andere widersprechen dir.
Er ist immer deiner Meinung.

Andere sagen dir die Unwahrheit.
Er kann dich nicht belügen.

Andere lassen dich sitzen.
Er bleibt dir immer treu.

Andere haben nur zwei Beine.
Er hat zweimal so viele.

Wen wundert`s, dass so viele
auf den Hund gekommen sind!

> Viele Dämchen und Herrchen
> gleichen auffällig ihrem Hund:
> Es muss kein Dackel sein.

MÄRZ
16

Dumme Kuh,
doofe Gans,
Hornochse,
Dreckschwein ...

Menschen
beschimpfen sich,
schimpfen schamlos
auf Tiere.

Die können nun doch
wirklich nichts dafür,
dass wir so dumm sind,
sie doof zu finden.

> Eine dumme Kuh macht täglich aus 70 Kilogramm Gras 16 Liter Milch.
> Ein Hornochse frisst 276 Arten Kräuter, 218 lässt er stehen, weil sie ihm schaden.
> Das Geschnatter der Gans ergänzt unser Gerede, Geschwätz, Gelaber.

MÄRZ
17

Das Mitleid
der Gesunden
kränkt Kranke
und tut ihnen
vielfach mehr weh
als ihre Krankheit.

Das Verhalten
der Nicht-Behinderten
behindert Behinderte
und ist ein Hindernis
für einen "normalen"
Umgang miteinander.

> „Wenn Sie mir den Parkplatz nehmen, nehmen Sie bitte auch meine Behinderung."
> – Auf einem Parkplatz für Behinderte.

Tag der Behinderten

MÄRZ 18

Du klagst anderen dein Leid,
badest dich in Selbstmitleid
und lässt andere es ausbaden.

Deine Lust am Lamentieren
legt dich lahm, hindert dich,
deine leidige Lage zu ändern.

Hör auf, dir selbst leidzutun,
steh auf und gib dem Lahmen
in dir einen kräftigen Tritt.

> Willst du gesund werden?, fragt Jesus
> den Gelähmten, der sich darüber be-
> klagt,
> dass ihm seit 38 Jahren niemand hilft,
> ins „Heilbad" zu kommen.

MÄRZ
19

Mein Name wurde mir
von meinen Eltern gegeben.

Trage ich meinen Namen gern,
habe ich mich angenommen.

Mein Gesicht wurde mir
vom Unsichtbaren gegeben.

Trage ich mein Gesicht gern,
habe ich mich angenommen.

Habe ich meinen Namen gern,
trage ich ein Lächeln im Gesicht.

> Josef bedeutet: Gott möge vermehren.
> Und wie er es getan hat;
> Jupp, Joop, Jo, Jos,
> Joe, Beppo, Giuseppe, Sepp, José, Pepe,
> Josef-Maria, Josephine
> und noch einige andere mehr.

MÄRZ
20

Ich kann
einen neuen Namen annehmen,
einen falschen Ausweis tragen
und doch bin ich immer noch der,
der ich schon immer war.

Ich kann
mein Aussehen verändern,
mich selbst neu erfinden
und dennoch bleibe ich der,
der ein und derselbe.

Und das ist gut so.

> Ich bin ich.
> Alle anderen gibt es schon.

MÄRZ
21

Aus den dürren Ästen
entspringt neues Leben.
Knospen springen auf,
fangen an zu blühen.

Mutter Natur erwacht
aus dem Winterschlaf,
weckt in ihren Kindern
wieder neue Kräfte.

Der Frühling bringt
Frische in unser Leben,
hilft uns auf die Sprünge
zum Ur-sprung zurück.

> *Springtime* sagen die Engländer,
> *primavera* die Südländer.
> Der Lenz ist da!

MÄRZ
22

Stehe langsam auf
und fange den Tag
richtig an –
mit dem rechten Fuß.

Stelle dich ruhig
vor den Spiegel
und blinzle dir zu –
mit dem linken Auge.

Falls dein Gegenüber
dich blöd anschaut,
zwinkerst du ihm zu –
mit dem rechten Auge.

> Wer an den Spiegel tritt,
> um sich zu ändern,
> der hat sich schon geändert.
> *Seneca (4 v. Chr.–65 n. Chr.)*

MÄRZ
23

Umkehren. Umdenken.
Umgekehrt denken.
Die Kehrseite bedenken.

Der Gewinn im Verlust.
Das Gute am Schlechten.
Das Glück im Unglück.

Alles hat eine Kehrseite,
auch die Kehrseite.
Umkehren. Umdenken.

> Ärgere dich nicht,
> dass der Rosenstrauch Dornen trägt,
> sondern freue dich darüber,
> dass am Dornenstrauch Rosen blühen.
> *Arabisches Sprichwort*

MÄRZ
24

Eine Krankheit
kann durchaus
heilsam sein.

Der Rückfall
war im Rückblick
ein Fortschritt.

Auch ein Unglück
kann sich wenden.
Zum Glück.

> Und umgekehrt:
> Der Glücksfall, sechs Richtige im Lotto
> hat schon viele zu Fall gebracht.

MÄRZ
25

Wenn du dich auflehnst
gegen das Unabänderliche,
verlierst du deine Zeit
und vergeudest deine Kraft.

Wenn du dein Los bejahst,
gewinnst du an Stärke
und bekommst die Kraft,
das Unerträgliche zu tragen.

Als der Engel Gabriel Maria verkündet, dass sie ein Kind bekommt, erklärt sie sich einverstanden, obwohl sie nichts versteht. Als unverheiratete Schwangere riskiert die junge Frau Kopf und Kragen – und sagt dennoch JA.

MÄRZ 26

Du wächst,
wächst weiter,
wirst erwachsen.

Du wächst
weiter, hoch
über dich hinaus.

Das Höchste,
was du tun kannst,
ist dich beugen.

Einwilligen in das,
was du nicht willst.
Um Gottes Willen!

> Man muss das Leben eben nehmen,
> wie das Leben eben ist.

MÄRZ
27

Wer nicht vergibt,
vergibt eine Chance –
für lange vergeben.

Wer vergibt,
verzichtet auf Vergeltung,
verzeiht, was war.

Wer vergibt,
gibt die versöhnende Hand –
für immer vergeben.

> Schwache Menschen können nicht verzeihen.
> *Mahatma Ghandi (1869–1948)*

MÄRZ
28

Gott hat uns nur eine Zunge,
aber zwei Ohren gegeben,
damit wir besser hören können,
was andere uns mitteilen,
auch wenn wir es manchmal
lieber nicht hören möchten.

Gott hat uns nur eine Nase,
aber zwei Ohren gegeben,
damit wir richtig hinhören,
was die lieben Leute,
die wir nicht riechen können,
uns zu sagen haben.

> Unsere Ohren stehen zu uns.
> Nichts ist naheliegender.
> Unsere Nase steht uns zu:
> die Verlängerung des Hirns.

MÄRZ
29

Ich kann
sehen
und hören
und sprechen
und riechen
und schmecken
und greifen
und stehen
und denken
und lesen
und schreiben
und schlucken
und ... und ...
und ...

Ich kann
nur dankbar sein.

> Dankbarkeit ist in den Himmel gestiegen
> und hat die Leiter mitgenommen.
> *Aus Polen*

**MÄRZ
30**

Bedenke ich,
was andere mir im Leben
alles gegeben haben,
kann ich nur Danke sagen.

Bedenke ich,
was mir erspart geblieben ist,
höre ich nicht auf zu danken
und fange an zu teilen.

Bedenke ich,
was mir das Leben geschenkt hat,
gebe ich voller Dankbarkeit
anderen etwas zurück.

> Dankbarkeit
> ist das Gedächtnis des Herzens.

MÄRZ
31

Manche Menschen
mögen mich sehr.
Ich bin so, wie sie
sein möchten.

Manche Menschen
mögen mich sehr.
Ich bin so, wie sie
mich haben möchten.

Wer mich nicht mag,
kann mich gern haben.

> Wenn ich so wäre wie du,
> wer wäre dann wie ich?

April

APRIL
1

Ab jetzt dürfen auch Mädchen
den Namen Jesus tragen: Jesua.

Judas, der Verräter Jesu,
soll selig gesprochen werden.

Der Papst heiratet!
April. April.

> Es ist ein alter Brauch, die Leute in den April zu schicken. Am 1. April soll der Geburtstag des Judas Iskariot gewesen sein. Kein Junge darf den anstößigen Namen des Verräters Jesu tragen. Um religiöse Gefühle nicht zu verletzen, war in Deutschland auch der Vorname Jesus lange Zeit verboten – was uns spanisch vorkommt.

APRIL
2

Der Stumpf im Boden
treibt ein neues Bäumchen.
Ein Grashalm setzt sich
gegen den Asphalt durch.

Ein Baum wächst
auf einem Felsen.
Auf der Friedhofsmauer
blühen bunte Blumen.

Das Leben ist stärker
als der Tod.

> Der Monat April hat seinen Namen vom lateinischen Wort aperire – öffnen. Der April öffnet die Knospen und Blüten. Und auch die Augen und Herzen der Menschen.

APRIL
3

Die Bettlerin
am Boden gibt uns
einen anderen Blickwinkel.

Der Behinderte
im Rollstuhl verhilft uns
zur Einsicht.

Der Blinde
mit dem Stock öffnet uns
die Augen.

Die Hilfsbedürftigen
sind gute Optiker:
Sie schärfen unseren Blick.

> Landstreicher
> lassen durchblicken:
> Auch wir sind nur
> auf der Durchreise.

APRIL
4

Der Glaube hat einen Haken.
Wir können das Leid nicht abhaken.

Wie kann Gott all das Elend zulassen?
Warum greift er nicht ein? Warum?

Statt uns vom Kreuz zu holen,
lässt er sich noch aufs Kreuz legen.

Der Glaube hat einen Haken:
Er hängt am Kreuz.

> Die Diskussion um das Kruzifixverbot
> in Schulen mag ärgerlich erscheinen.
> Aber ist ein Gott am Kreuz nicht ein
> Ärgernis?!

APRIL
5

Wäre das Weizenkorn
nicht „gestorben",
gäbe es kein Brot.

Wäre die Traube
nicht „gestorben",
gäbe es keinen Wein.

Im Tod
ist das Leben.
Geheimnis des Glaubens.

> Amen, amen, ich sage euch: Wenn das Weizenkorn nicht in die Erde fällt und stirbt, bleibt es allein; wenn es aber stirbt, bringt es reiche Frucht.
> *Joh 12,24*

APRIL

6

Wäre Jesus lebenssatt
im Lehnstuhl eingenickt,
wäre er längst gestorben.

Nicht mit einem Lächeln,
nein, mit dem letzten Schrei
ist er am Kreuz krepiert.

In tiefster Todesnot
hat er die Gottverlassenheit
mit allen Verzweifelten geteilt.

Das macht ihn so menschlich.
Wahrlich, er war einer von uns,
der göttliche Menschensohn.

> Meine Hoffnung und meine Freude,
> meine Stärke, mein Licht. Jesus
> meine Zuversicht.
> Auf dich vertrau ich und fürcht
> mich nicht, auf dich vertrau ich
> und fürcht mich nicht.
> *Taizé-Lied*

APRIL 7

> Für uns alle unfassbar ist
> am Freitag, dem 7. April 30
> unser aller Bruder
>
>
>
> **Jesus von Nazaret**
>
> auf einer Schutthalde
> vor den Mauern Jerusalems
> hingerichtet worden.
>
> Uns zuliebe
> hat er sich zu Tode geliebt.
>
> Bringen wir den Stein
> vor Jesu Grab ins Rollen
> und geben wir seiner Liebe
> unaufhörlich Hand und Fuß.
>
> *Seine Freundinnen und Freunde*

Christus hat keine anderen Hände,
als die unseren, um die Not anzupacken.
Christus braucht unsere Füße,
um zu den Ausgestoßenen zu gehen.

APRIL

8

Als Jesus in Jerusalem auferstand,
erschien er zuerst mehreren Frauen,
damit es schneller bekannt wurde.

Das ist kein Witz und kein Aprilscherz.
An Ostern soll die liebe Gemeinde
ja etwas zum Lachen haben.

Der Tod hat sich lächerlich gemacht
und sich an Christus „verschluckt"!
Den Tod totlachen. Hahaha-lleluja!

Osterlachen.

> Tod, wo ist dein Sieg?
> Tod, wo ist dein Stachel?
> 1 Kor 15,55

APRIL 9

Jesus, Ghandi,
Martin Luther King,
Dietrich Bonhoeffer,
Oscar Romero.

Mutige Männer,
die den Mumm hatten,
ihre Stimme zu erheben
für die Stummen.

Mundtot gemacht,
haben sie uns immer
noch vieles zu sagen.
Ihr Wort wirkt weiter.

> Nur der darf gregorianisch singen,
> wer für die Juden schreit!
> *Dietrich Bonhoeffer*

Der evangelische Theologe und Widerstandskämpfer wurde am 9. April 1945 im Waschraum des KZ Flossenbürg hingerichtet. Nackt.

APRIL 10

Nach Karfreitag
kommt Ostern.

Doch ohne Kreuzweg
kein Osterspaziergang.

Im Kreuz ist Heil.
Durch das Leid zum Licht.

Da schauen wir dann,
was Ostern uns verheißt.

> Der Weg zum Himmel
> führt am Tränenkreuz vorbei.
> *Aus England*

APRIL
11

Wenn du es
auch nicht glauben magst:
Du bist besser, als du denkst.

Wenn du es
auch nicht so sehen kannst:
Dein Buch hat viele gute Seiten.

Wenn du es
auch nicht mehr hören kannst:
Das Beste kommt noch.

Geschrieben steht es
im Buch der Bücher.

> Er wird alle Tränen von ihren Augen
> abwischen:
> Der Tod wird nicht mehr sein, keine
> Trauer, keine Klage, keine Mühsal.
> Denn was früher war, ist vergangen.
> *Offb 21,4*

APRIL
12

Die Bibel ist eine Fundgrube.
Wer ein wenig gräbt, findet
das passende Wort für alles,
was ihm in den Kram passt.

„Was ist das für ein Leben,
wenn man keinen Wein hat,
der doch von Anfang an
zur Freude geschaffen wurde?"
Sir 31,27

Manche berufen sich lieber
auf den Herrn Jesus persönlich.
Er war kein Kostverächter.
Er machte aus Wasser Wein.

Dieser Fresser und Säufer.
Mt 19,11

> Lasst uns essen und trinken,
> denn morgen sind wir tot.
> *Jes 22,13*

APRIL
13

Wenn ein Mensch am Boden ist,
können wir ihm noch so gut zureden;
unsere Worte gehen über ihn hinweg.

Wenn ein Mensch in einem Loch sitzt,
können wir noch so auf ihn einreden;
unsere Worte erreichen ihn nicht.

Wenn ein Mensch ganz unten ist,
können wir ihm schweigend sagen:
Du, ich lass dich nicht allein.

> Wissen, wann wir reden,
> ist die Kunst des Schweigens.

APRIL
14

Bäume haben keine Beine,
können nicht davon laufen.
Sie lehren uns bei Wind
und Wetter standzuhalten.

Auch wir brauchen Wurzeln,
um in stürmischen Zeiten
das Leben zu bestehen
und standfest zu bleiben.

> Bruder Baum,
> deine Standhaftigkeit
> und Widerstandskraft
> wünsche ich mir
> und starke Wurzeln.

APRIL
15

Alle Jahre wieder die Triebe,
das Treiben der Mutter Natur.
Wie die Blüten durchbrechen
und es in den Knospen knackt.

Ich kenne nur wenige Blumen
und Bäume mit ihrem Namen.
Und auch die vielen Gräser
sind für mich nur grün.

Aber ich werde gewahr,
wie das Grün meiner Seele
jedes Mal wieder guttut,
mein Wohlbefinden steigert.

Dasselbe im Grün.

> Es gibt eine Kraft aus der Ewigkeit
> und die Kraft ist grün.
> *Hildegard von Bingen (1098–1178)*

APRIL
16

Schrot und Korn,
Müsli, Möhren,
nur Öko und Bio –
logisch.

Manche Menschen
leben so gesund,
dass sie auch noch
gesund sterben.

Ein schrecklich
schöner Tod.

> Ins Gras zu beißen,
> macht selbst Vegetariern
> kein Vergnügen.

APRIL 17

Die Bettlerin zeigt mir
meine Bedürftigkeit.

Der Fixer weist mich
hin auf meine Sucht.

Die Krebskranken
verkörpern meine Angst.

In meinen Mitmenschen
begegne ich mir im Spiegel –
mit meinen blinden Flecken.

> Wer das Wort nur hört, aber nicht danach handelt, ist wie ein Mensch, der sein eigenes Gesicht im Spiegel betrachtet: Er betrachtet sich, geht weg und schon hat er vergessen, wie er aussah.
> *Nach Jak 1,23f.*

APRIL
18

Zwei Drittel
der deutschen Männer
finden sich schön.

Elf Zwölftel
der deutschen Frauen
finden sich nicht schön.

Zwei Drittel
finden wenigstens
einen schönen Mann.

> Die Frauen sehen sich so, wie sie sind.
> Und die Männer so, wie sie sein möchten.

APRIL
19

Nimm das Wetter
wie die Leute.
Andere gibt´s nicht.

Ob du lachst
oder weinst,
es regnet.

Also lache,
wenn es regnet.

„Wie wird das Wetter heute?", fragt ein Wanderer den Schäfer. – „So wie ich es gerne habe.", antwortete er. – „Woher weißt du, dass das Wetter so sein wird, wie du es magst?"
„Mein Freund, ich habe im Leben die Erfahrung gemacht, dass ich nicht immer das bekommen kann, was ich gerne hätte. Daher habe ich gelernt, immer das zu mögen, was ich bekomme. Und so kann ich auch guten Gewissens zu dir sagen: Ich bin mir ganz sicher, dass das Wetter heute genauso wird, wie ich es mag."
Nach Anthony de Mello (1931–1987)

**APRIL
20**

Ich möchte glauben,
dass ein jeder Mensch
ein Gedanke Gottes ist
und auch jedes Leben
einen tieferen Sinn hat.

Was immer aber Gott sich
dabei gedacht haben mag,
als er einen Adolf Hitler
oder Stalin ins Leben rief,
ich sehe keinen Sinn.

> Meine Gedanken sind nicht eure
> Gedanken
> und eure Wege sind nicht meine Wege –
> Spruch des Herrn.
> *Jes 55,8*

APRIL
21

Jude = Geld.
Blondine = Blöd.
Katholik = Konservativ.
Islamist = Terrorist.

Viele Menschen
werden schubladisiert,
in einer Schublade von
Vorurteilen verstaut.

Kein Mensch
passt in eine Schublade.
Auch wenn uns
das nicht passt.

> Wir passen nur teilweise
> zu unserem netten Passbild.
> Unsere dunklen Seiten
> passen nicht hinein.

APRIL 22

Jeder von uns ist fähig,
einen anderen zu töten.
Aber ich doch nicht,
denken wir.

Das haben die Täter
auch einmal gedacht.

Seien wir dankbar,
dass wir bisher
nur in Gedanken
gemordet haben.

> Als die Modefirma Benetton auf ihren
> Plakaten Gesichter von zu Tod Verurteil-
> ten zeigte, waren viele empört. Da
> schauten uns Männer und Frauen an,
> die genauso aussahen wie du und ich.

APRIL
23

Mein schwieriger Kollege
hat ein weiches Herz,
meine Schwiegermutter
ist eigentlich ganz nett.

Mein mürrischer Mann
kann ganz lustig sein,
meine komische Nachbarin
tut mir gerne einen Gefallen.

Aber ich sehe es immer erst
auf den zweiten Blick.

> Suche in Liebe zu betrachten,
> was nicht von Liebe zeugt,
> und du wirst Liebe daraus schöpfen.
> *Johannes vom Kreuz (1542–1591)*

APRIL
24

Wir sehen vieles,
vieles sehen wir nicht.

Doch hin und wieder
gehen uns die Augen auf.

Auf einmal begreifen wir,
was wir nicht sehen können.

Mit den Augen der Seele
lernen wir langsam sehen,
was uns verborgen bleibt.

> Man sieht nur mit dem Herzen gut,
> sagt uns der kleine Prinz.

APRIL 25

Ganz glatte Gesichter,
ohne die geringste Spur,
vollkommen ausdruckslos,
als hätte das Leben sie
nicht beeindruckt.

Falten, Flecken,
Furchen, Tränensäcke.
In unserem Gesicht wird
offensichtlich sichtbar,
wie das Leben uns zeichnet.

In jedes Menschen Gesichte
steht seine Geschichte.

APRIL 26

Warum tun wir, was wir tun?
Warum lassen wir es nicht?

Weil wir nicht lassen können,
was wir tun.

Wir glauben immer, alles
begründen können zu müssen.

Unser Tun und Lassen ist
aber oft unergründlich.

Doch nicht ohne Grund.

> Eitelkeit, Ichsucht, Idealismus, Erfolgshunger, Sex, Ehrgeiz, Neugier und nicht zuletzt die Liebe. Viele Beweggründe können uns Beine machen. Und oftmals ist uns nicht bewusst, was uns bewegt.

APRIL
27

Mein Auto, meine Bücher und Bilder,
meine Ersparnisse, mein Hab und Gut.

Gar nichts kann man mitnehmen.
Das letzte Hemd hat keine Taschen.

Darum fange ich schon zu Lebzeiten an
mit dem Verteilen und Verschenken.

So sehe ich noch,
wie andere sich freuen
über meinen Nachlass
vor meinem Tod.

    Ohne *Sterben* kein Erben.
    Das ist der Preis.

APRIL 28

Ich verbrauche
mein Einkommen.
Ich verschenke
meine Ersparnisse.

Ich verlebe
meine Rente.
Ich verjuble alles,
was ich habe.

Und wenn ich dann
die Augen schließe,
werden meine Erben
Augen machen.

> Das Weinen der Erben
> ist ein maskiertes Lachen.
> *Aus Italien*

APRIL 29

Der Fußball die Religion.
Der Verein der Gott.
Die Fangesänge die Choräle.

Das Stadion die heilige Stätte.
Das Tor das Allerheiligste.
Der Henkelpott der Kelch.

Die Spieler die Götzen.
Der Manager der Hohepriester.
Der Trainer der Allerhöchste.

Zum Requiem Schlachtgesänge.
Steh auf, wenn du Schalker bist.
Die Asche in einer Fußball-Urne.
Das Grabfeld als Fußballplatz -
mit Blick auf den Tempel.

APRIL 30

Wir tanzen
um das goldene Kalb
und spielen
mit dem Feuer.

Wir rasen
dem Abgrund entgegen
und geben
auch noch Gas.

Wir tanzen
auf dem Vulkan
in den Mai hinein –
auf Teufel komm´ raus.

Es ist kurz vor zwölf.
Nach uns die Sintflut.
Es ist zwölf vorbei.
Vor uns die Sintflut.

> Früher war die Zukunft
> auch noch besser.
> *Karl Valentin (1882–1948)*

Mai

MAI
1

Millionen sind arbeitslos –
und doch werden Menschen gesucht,
die den Hilfsbedürftigen beistehen.

Millionen sind arbeitslos –
und doch werden Menschen gesucht,
die Alte und Kranke pflegen.

Millionen sind arbeitslos –
und doch werden Menschen gesucht,
die sich um die anderen kümmern.

Millionen sind arbeitslos –
und doch fehlen Millionen Menschen,
die sich zum Helfen berufen fühlen.

Wer lebt, um zu arbeiten,
ist als Arbeitsloser schon tot
und als Rentner lebendig begraben.

Sein Leben war Arbeit.
Eine traurige Traueranzeige

MAI
2

Der schöne Monat Mai
verdankt seinen Namen
dem Gott Jupiter Maius,
dem Frühlingsgott.

Das Getreide wächst,
das Gras grünt,
Blumen blühen,
Knospen springen auf.

Und das zarte Pflänzchen
Liebe blüht oft auch noch
nach Jahren im wonnigen
Mai natürlich wieder auf.

> Die wunderbare Knospe der Rose blättert
> uns das Geheimnis auf:
> Es gibt keine Liebe ohne Leid, keine
> (echten) Rosen ohne Dornen.

MAI

3

Ich liebe dich
so, wie du bist,
So liebe ich dich.

Ich liebe dich
mit Haut und Haar –
ich habe dich ganz lieb.

So wie du bist,
bist du liebenswert,
wert, geliebt zu werden.

> Einen halben Menschen
> können wir ebensowenig lieben
> wie nur seinen Körper.

MAI
4

Glücklich bist du,
wenn einer mit dir geht
durch dick und dünn.

Glücklich bist du,
wenn auch in der Not
einer zu dir hält.

Glücklich bist du,
wenn du deinen Schatz
zu schätzen weißt.

Nicht erst nach seinem Tod.

> Wahre Liebe macht nicht blind, sondern sehend. Dem liebevollen Blick enthüllt sich der Schatz. *Mon trésor* sagen die Franzosen, meine Schatztruhe. Manche entdecken auf den ersten Blick, was im Schätzchen alles verborgen ist. Manche erkennen es auf den ersten Blick – andere brauchen bis zu zwölf Blicken.

MAI
5

Aus dem Ja wird ein Nein.
Es kommt zur Kündigung
des gültigen Ehevertrags.

Für zahllose Paare aber gilt
gerade in schweren Zeiten
das gegebene Ja-Wort.

Ihre gegenseitige Liebe
bewährt, bewahrheitet sich
ohne Wenn und Aber.

Nach langen Jahren
sagen beide erst recht
Ja zueinander.

> „Die Ehe ist eine lange Mahlzeit, die mit dem Dessert beginnt" (Toulouse-Lautrec). Nicht wenige sind nach der süßen Vorspeise schon satt. Das Hauptgericht schlägt vielen auf den Magen. Aber es gibt immer auch noch Paare, die miteinander die Mahlzeit bis ins hohe Alter genießen.

MAI

6

Sie gehen mit der Zeit,
möchten sich nicht binden,
wollen ungebunden, frei sein.

Sie gehen mit der Zeit,
halten die Ehe für ein Gefängnis,
lebenslänglich angebunden.

Sie gehen mit der Zeit,
bleiben nur, solange es gut geht –
die Lebensabschnittspartner.

> Liebe vertreibt die Zeit,
> und Zeit vertreibt die Liebe.
> *Aus Frankreich*

MAI
7

Ein Scharmützel wird
zum heißen Wortgefecht.

Salven sausen hin und her,
es wird scharf geschossen.

Verletzte verletzen,
schlagen Wunden.

Noch ein paar Giftpfeile,
die letzten Worte fallen.

Einen Sieger gibt es nicht.
Beide haben wieder verloren.

> Wenn einer nicht will,
> können zwei nicht streiten.

MAI
8

Der Friede
in der Welt fängt an,
wenn du aufhörst,
andere kleinkriegen
zu wollen.

Der Krieg
mit anderen hört auf,
wenn du anfängst,
Frieden zu schließen
mit dir.

> Am 8. Mai 1945 endet der Zweite Weltkrieg mit über 55 Millionen Toten. Und wieder hieß es: Nie wieder Krieg! Aber immer noch kosten die Waffenlieferungen in Krisen- und Kriegsgebiete jedes Jahr **unzählige** Menschen das Leben. Warum kriegen wir Menschen es nicht hin: Krieg dem Krieg?!

MAI
9

Mai, der Wonne- oder Weidemonat
treibt Kühe und Kälber aus dem Stall,
lässt sie auf saftigen Wiesen lagern.

Man muss kein Rindvieh sein,
um gerne hinaus ins Grüne zu gehen
und sich gemütlich ins Gras zu legen.

Den Wolken verträumt nachschauen.
Luftschlösser bauen ins Blaue hinein,
sich einfach im siebten Himmel
fühlen.

Das Glück ist ein Rindvieh ...

MAI
10

Du brauchst kein Vergrößerungsglas,
um seine Fingerabdrücke zu erkennen.

Du brauchst kein Fernrohr,
um seine Fußstapfen zu entdecken.

Du brauchst nur ein Auge,
um seine Spuren wahrzunehmen.

Du brauchst nicht an Gott zu glauben;
wenn du ihn siehst.

> Sie haben Augen, aber sie sehen nicht;
> das heißt: sie haben leibliche Augen,
> aber nicht das Auge des Glaubens.
> *Augustinus (354–430)*

MAI
11

Männer sind Macher,
lieben Waffen, führen Kriege,
können aber kein Kind kriegen.

Auch Männer gehen schwanger,
bringen aber nichts zuwege,
das Hand und Fuß hat.

Wenn die Frau in Wehen liegt,
steht der Macher hilflos daneben –
entwaffnet, der starke Mann.

> Ich heiße Leo, bin 53 cm groß, wiege 3700 g.
> Ich bin putzmunter, aber meine Mama ist erledigt.
> Und mein Dad fiel in Ohnmacht, als er mich kommen sah.
> *Geburtsanzeige*

MAI
12

Vor unserer Geburt
waren wir ein Teil
unserer Mutter.

Ihre Muttermilch war
unsere erste Nahrung,
‚Mama' unser erstes Wort.

Beim Tod unserer Mutti
tragen wir einen Teil
von uns zu Grabe.

Ohne unsere Mama
fühlen wir uns manchmal
mutterseelen-allein.

> Am 2. Sonntag im Mai ist Muttertag.
> Weil Gott nicht überall sein konnte,
> schuf er die Mütter. Gott sei Dank!
> *Arabisches Sprichwort*

MAI
13

Bärchen, Bienchen,
Bussibärli, Mietze,
Hasilein, Engelmaus ...

Süße Kosenamen,
Schnuckiputzilein,
ein süßes Stückle.

Und die mollige Mausi
hat ihren Schmusekater
zum Fressen gern.

>Nicht ganz so selten wird
>aus dem süßen Rehlein die dumme Kuh,
>aus dem netten Hasilein der blöde Ochse.

>Pankraz (12. Mai) und Servaz (13. Mai)
>sind zwei böse Brüder,
>was der Frühling gebracht,
>zerstören sie wieder.
>*Bauernweisheit*

MAI
14

Viele Paare
sind miteinander
nicht glücklich,
aber ohne einander
noch unglücklicher.

Und wenn dann
einer der beiden
gegangen ist,
ist der andere
todunglücklich.

> So eine wie dich
> werde ich nicht mehr finden
> und auch nicht mehr suchen.
> *Grabinschrift*

MAI
15

Er ist kein Lautsprecher.
Er spricht ohne Worte mit uns.
Er lässt die Stille sprechen
und sagt uns durch die Blumen:
Mensch, ich liebe dich!

Die Erde neigt sich vor dir,
die Sonne strahlt über dir,
der Mond träumt mit dir,
die Sterne leuchten für dich:
Mensch, ich liebe dich!

> Gott schläft im Berg,
> atmet durch die Pflanzen,
> träumt im Tier,
> erwacht im Menschen.
> *Tibetisch*

MAI
16

Christi Himmelfahrt –
Der Vatertag:
Wir fahren ins Grüne.

Pfingsten –
Das Hochfest:
Wir fahren ins Blaue.

Fronleichnam –
Ein schöner Tag:
Wieder stehen wir im Stau.

Kehren wir um,
damit wir zu uns kommen,
bevor wir heimfahren.

Kyrieleis.

> Ach, bitte, können Sie mir sagen,
> wo ich hin will?
> *Karl Valentin (1882–1948)*

MAI
17

Ich möchte aus dir
einen anderen machen.
Einst habe ich dich geliebt,
weil du so anders warst.

Ich lasse dich dich sein
und du lässt mich werden.
So sind wir miteinander
ein glückliches Paar.

> Ein Paar besteht aus zwei Hälften,
> die sich gut ergänzen.
> Wenn jede Hälfte die andere für die
> bessere Hälfte hält, hält das Paar am
> längsten.

MAI
18

Wunderbar,
was eine Knospe
alles in sich birgt:
Blätter, Blüten, Früchte.

Kein Blatt ist gleich,
keine Blüte wie die andere,
jede Frucht gibt es nur einmal,
einzigartig wie jeder Spross.

Einmalig ist die Vielfalt.

> „Der Mai, der Mozart, unter den Monaten" jubelte Erich Kästner.
> Und Mozart: „So einer wie ich wird nur alle hundert Jahre einmal geboren."
> Du bist auch so einer – seit Millionen Jahren ist nicht einer so
> wie du.

MAI
19

Zwei Menschen ziehen sich an,
als trügen sie in sich einen Magnet,
der sie zueinander hinzieht.

Zwei Menschen ziehen sich so an,
als wären sie beide schon immer
ein Herz und eine Seele.

> Trotz großer Entfernung kommen
> manche Menschen sich so nahe,
> dass ihre Herzen sich berühren.

MAI
20

Lieben wir,
leiden wir.

Lieben wir nicht,
leiden wir noch mehr.

Werden wir nicht mehr geliebt,
können wir uns kaum noch leiden.

> Hab ich Lieb, so hab ich Not.
> Meid ich Lieb, so bin ich tot.
> Eh dass ich Lieb und Leid will lan,
> eh will ich Lieb mit Leiden han.
> *Aus: Die Bernauerin von Carl Orff*

MAI
21

Die Frau nimmt die Pille
und der Mann kann immer.

Und wenn er nimmer kann,
nimmt er die Pille.

Ich will. Ich kann.
Mit Leib und Seele Mann.

> Die Sterblichkeit von Männern
> mit häufigem Geschlechtsverkehr
> ist 50 Prozent geringer
> als diejenige von Männern
> mit seltenem Sexualkontakt.
> *Aus einer Anzeige des Pharma-Konzerns Pfizer*

MAI
22

Wir können vieles kaufen,
nur nicht das Kostbarste.
Es ist unbezahlbar.

Gesundheit, Glück.

Das Wertvollste im Leben
kostet keinen Cent.
Es wird uns geschenkt.

Zuneigung, Zärtlichkeit.

> Gesundheit ist der größte Reichtum.
> Es gibt kein Geld, das sie bezahlen
> könnte!

MAI
23

Wissen ist Macht,
hat aber noch keinen
glücklich gemacht.

Liebe ist Ohn´macht,
hat aber schon viele
glücklich gemacht.

> Ich bete an die Macht der Liebe …
> Schluss-Choral des preußischen Großen
> Zapfenstreiches
> und auch der Deutschen Bundeswehr!
> Soldaten, die das Töten lernen, beten die
> Liebe an.
> Ein starkes Stück!!

MAI
24

Ohne Handy
müssten wir wieder
zur Telefonzelle gehen.

Ohne E-Mail
müssten wir wieder
zum Briefkasten gehen.

Ohne Auto
müssten wir wieder
zu Fuß gehen.

Ohne Fortschritt
müssten wir wieder
zurückgehen lernen.

> Zurück
> zur Natur.
> Natürlich.
> Zu Fuß.

MAI
25

Die rote Klatschmohnblüte leuchtet
ab Ende Mai hell am Wegesrand,
sie läutet den Frühsommer ein.

Von zart lila über gelb bis zu weiß
gibt es mehr als einhundert Arten,
einmalig aber ist jede Mohnblume.

Fast aufrecht steht die Farbenpracht
auf den zart behaarten Stängeln
und lässt uns staunend stille halten.

Halt! Wo gehen wir denn hin?
Plastikmohnblumen sind praktisch
genauso abwegig wie blaue Rosen.

> Die Mohnblume wurde zum Symbol des
> Ersten Weltkrieges. In den Schutzgraben
> bei Ieper wurde das Gedicht geschrieben:
> Poppy Death in Flanders
> In Flandern, in Flandern, ritt der Tod,
> färbte mit Blut und Mohn die Felder rot.

MAI
26

Frühlingsgefühle
sind zu jeder Zeit möglich
und an jedem Ort.

Auf dem Friedhof gießen
eine Witwe und ein Witwer
die Blumen auf den Gräbern
ihrer verstorbener Partner.

Da beginnt es zu kribbeln;
eine neue Liebe erblüht
über den Gräbern.

> Das ist das Schöne an der Liebe:
> Sie hört niemals auf.

MAI
27

Sauber,
anständig,
fleißig,
freundlich,
friedlich ….

Der Muslim,
den ich kenne,
ist anders
als die anderen,
die ich nicht kenne.

>Je schneller du urteilst,
>desto länger brauchst du,
>um dein voreiliges Urteil
>zu verändern.

MAI
28

Wer mit dem Herzen denkt,
urteilt milder, menschlicher
als der messerscharfe Verstand.

Wer mit dem Herzen denkt,
zeigt Verständnis auch für das,
was er nicht gut heißen kann.

Wer mit dem Herzen denkt,
sucht nicht zu entschuldigen,
aber er verurteilt nicht.

Er verzeiht.

> Mit dem Herzen denken,
> mit dem Verstand fühlen:
> eine mitfühlende Denkweise.

MAI
29

Mit unseren Begriffen
können wir Gott nicht
in den Griff bekommen.

Er entzieht sich uns
und trotzdem zieht
es uns hin zu ihm.

Obwohl wir Gott
nicht greifen können,
lässt er uns nicht los.

Gott – der Inbegriff
für das ungreifbare
Mysterium.

> Glauben heißt nichts anders,
> als die Unbegreiflichkeit Gottes
> ein Leben lang auszuhalten.
> *Karl Rahner (1904–1984)*

MAI
30

Als Babys wurden wir
in Windeln gewickelt.

Mit den Jahren haben wir
uns langsam entwickelt.

Wohl oder übel sind wir
in viele Dinge verwickelt.

Gegen Ende unseres Lebens
werden wir wieder gewickelt.

So ist nun mal der Werdegang
der menschlichen Entwicklung.

> Und wenn wir dann im Heim wieder in
> die Windeln machen,
> wird niemand mehr damit angeben,
> dass er mehr hat als andere.

MAI
31

Helfen wir anderen,
helfen wir uns selbst.
Tun wir anderen Gutes,
geht es uns besser.

Nehmen wir Anteil
am Leid der anderen,
wird uns ihre Liebe
wahrhaftig zuteil.

> Ein 83-jähriger Witwer hat seine Niere an einen Fremden gespendet: „Ich wollte einfach helfen!"

Juni

JUNI
1

Bliebe ich immer jung,
würde mir etwas fehlen:
der Sinn des Älterwerdens.

Müsste ich niemals sterben,
würde mir etwas fehlen:
der Sinn für das Leben.

> Juni wird oft Juno genannt. Sie war die römische Göttin für Geburt und Ehe. Als Gattin des Göttervaters Jupiter war sie auch die Göttin der Gestirne und wurde besonders bei Neumond verehrt.

JUNI
2

Was wir vom Leben haben,
hängt nicht davon ab,
wie viele Jahre wir leben,
sondern wie wir jeden Tag erleben.

Wir können unserem Leben
nicht mehr Jahre geben,
aber den Jahren mehr Leben,
indem wir jeden Tag intensiv*erleben*.

> Wer nie jagte und nie liebte,
> nie den Duft der Blumen suchte
> und nie beim Klang der Musik erbebte,
> ist kein Mensch, sondern ein Esel.
> *Arabisches Sprichwort*

JUNI 3

Überleben ist
nicht leben.

Existieren ist
nur am Leben sein.

Funktionieren ist
noch nicht leben.

Leben ist viel mehr:
lebendig sein.

Springlebendig –
mit Leib und Seele.

    Ein Kind singt, hüpft, tanzt vor Freude
    und lehrt uns im Nu zu leben.

JUNI
4

Milliarden Milchstraßen
im unendlichen Weltall
und irgendwo am Rande
ein winziges Pünktchen.

Milliarden Menschen
auf der Mutter Erde
und in der Mitte einer,
um den sich alles dreht.

Der alleinige Mittelpunkt
von allem im All.

@ Der Klammeraffe

> Was ist der Mensch, dass du an ihn denkst,
> des Menschen Kind, dass du dich seiner annimmst?
> Ps 8,5

JUNI
5

Wir verschmutzen die Luft,
wir verseuchen das Wasser,
wir vergiften den Boden,
wir vertilgen Leben:
jede Sekunde eine Tier-
und eine Pflanzenart.

Wenn alles vernichtet ist,
werden wir feststellen,
dass die Welt nicht
zu kaufen ist –
und wir das liebe Geld
nicht essen können.

Wenn die Biene von der Erde verschwindet, dann hat der Mensch nur noch vier Jahre zu leben. Keine Biene mehr, keine Bestäubung mehr, keine Pflanzen mehr, keine Tiere mehr, kein Mensch mehr.

Heute ist der Tag der Umwelt.

JUNI

6

Ich stehe
nicht im Regen,
ich dusche
unter einer Wolke.

Ich sehe
das Glas halbleer
und freue mich,
dass es halb voll ist.

> Die Stewardess über die Sauerstoffmasken an Bord: „Wenn etwas schief geht, denken Sie bitte positiv." –
> Was denn sonst!?

JUNI

7

Vieles,
was uns angeht,
geht an uns vorbei.

Vieles,
was uns betrifft,
trifft uns nicht.

Betroffen
sind wir immer erst,
wenn es uns getroffen hat.

Was dich betrifft,
daran kommst du
nicht vorbei.

> Mein Bein, meine Brust wurde mir
> abgenommen.
> Erst wenn *mein* davorsteht, weiß
> ich, wovon ich rede.

JUNI
8

Noch halb im Dunkeln
wird auf dem Flohmarkt
schon gehandelt und gekauft.

Der frühe Vogel fängt den Wurm.
Doch auch am späten Nachmittag
kann man noch fündig werden.

Sammler suchen Seltsames.
Auf den Preis kommt es an.
Und auf das Alter.

Je älter, desto wertvoller.
Ach, wenn es mit uns Menschen
doch auch so wäre.

> Auf dem Flohmarkt finde ich das Bild,
> das früher in vielen Wohnzimmern hing:
> Die Jagd nach dem Glück. Da fliegt eine
> Frau mit flatternden Gewändern auf einer
> Kugel durch die Lüfte und darunter ein
> Mann, der mit sehnsüchtig ausgestreck-
> ten Armen hinter ihr herjagt und ver-
> sucht, sie zu erhaschen. Vergeblich.

JUNI
9

Wir brauchen
eine bestimmte Haltung,
um das Leben auszuhalten.

Wir benötigen einen Halt,
der uns in großer Not
aufrecht hält.

Wir brauchen einen Halt,
der uns selbst beim Loslassen
noch Halt gibt.

Diesen inneren Halt
können wir uns selbst
nicht geben.

    Was hält dich?
    Wer ist dein Halt?

JUNI
10

Unsere Füßen lehren:
Unser aller Leben ist
keine Laufbahn.

Wir gehen
und jeder geht
seinen Weg anders.

Doch alle gehen wir
den Jedermannsweg,
wenn auch anders.

Bis unsere Weggefährten
sich vor uns verneigen –
vor unseren Füßen.

> Auch unterwegs?
> Ja, aber ich gehe woanders hin.
> Woanders geht keiner hin.

JUNI
11

Der Mond mag noch
so schön rund scheinen,
die Rückseite ist dunkel.

Zieht der Mond uns an,
weil wir Menschen auch
eine dunkle Seite haben?

Gottes Rückseite verträgt
auch kein Licht und lässt
uns im Dunkeln tappen.

Das Dunkle macht uns Angst
und zieht uns dennoch an –
wie das Licht.

> Seht ihr den Mond dort stehen?
> Er ist nur halb zu sehen
> und ist doch rund und schön.
> So sind wohl manche Sachen,
> die wir getrost belachen,
> weil unsere Augen sie nicht sehen.

JUNI
12

Jeder ist seines Glückes Schmied,
bis wir uns auf die Finger hauen.

Alles fest im Griff,
und nichts haben wir in der Hand.

Jeder bekommt, was er verdient.
Bis es uns spürbar trifft.

Sprüche, so wahr so falsch,
wie Sprüche sind.

> Womit habe ich das verdient?, fragt keiner, dem ein großer Lotto-Gewinn zugefallen ist. Dabei ist die Wahrscheinlichkeit auf einen Sechser fünfmal kleiner, als bei einem Gewitter vom Blitz getroffen zu werden.

JUNI 13

Der Jesus der Kirchen
ist mir viel zu nett –
ihm fehlt der Biss.

Der Jesus der Sekten
ist mir viel zu glatt –
ihm fehlen die Falten.

Der Jesus der Theologen
ist mir viel zu verkopft –
ihm fehlen die Füße.

Der Jesus der Evangelien
ist mir viel zu radikal –
mir fehlt der Mut,
ihm nachzufolgen.

> Geh, verkaufe, was du hast,
> gib das Geld den Armen!
> *Mk 10,21*

JUNI
14

Jesus von Nazaret
wird oft verharmlost.
Als hätte er nur gesagt:
Seid nett zueinander.

Liebet eure Feinde!
Selig die Trauernden.
Vergeben: Siebenmal
siebenundsiebzigmal.

Die Letzten werden
die Ersten sein.
Penner, Prostituierte
auf der Poleposition.

(K)eine schöne Aussicht.

> Selig ihr Armen! Diese Seligpreisung
> habe ich im Gefängnis kaum über die
> Lippen gebracht. Denn wie viele sitzen
> im Knast, die für ihre Armut bestraft
> werden. Sie werden in Haft genommen,
> weil sie keinen festen Wohnsitz haben.
> Und oft auch nicht das Geld, um einen
> Anwalt zu bezahlen.

JUNI
15

Der Schwache
ist oft stärker
als der Starke.

Und der Kranke
hat oft mehr Kraft
als der Gesunde.

Der Gewaltlose
hat oft mehr Macht
als der Mächtige.

Die mächtige Macht
der Liebe.

> Meine Kraft ist in den Schwachen mächtig.
> *Nach 2 Kor 12,9*

JUNI
16

Humor ist bekanntlich,
wenn man trotzdem lacht.
Trotz allem dem Leben
ein Lachen abtrotzen.

Trotz seiner selbst
noch lachen können.

Und hängt der Galgen auch
bedrohlich über dem Bett,
haben die Trotzigen immer
noch genug zu lachen.

Galgenhumor: der Guillotine
zum Trotz.

> Der Herr hat einen trockenen Humor:
> Er hat uns aus Staub gemacht.

JUNI
17

Manchmal könnte ich
den ganzen Tag singen,
manchmal nur noch heulen.

Manchmal möchte ich
alle Menschen umarmen,
manchmal jeden anschreien.

Manchmal kenne ich
überhaupt keine Angst,
manchmal zittere ich.

In mir wohnen zwei Ichs,
doch keines von beiden
ist bei mir zu Hause.

> Ich tue nicht das Gute, das ich will,
> sondern das Böse, das ich nicht will.
> *Röm 7,19*

JUNI
18

Bin ich der,
für den ich mich halte?
Oder bin ich der,
den andere in mir sehen?

Bin ich der,
der das getan hat …?
Bin ich das damals
wirklich gewesen?

Wer bin ich?
Das frage ich mich.
Weiß das eine Ich,
was das andere nicht weiß?

> Wer bin ich –
> und wenn ja, wie viele?
> *Richard David Precht* *1964

JUNI
19

Zu Recht
hast du Vertrauen
in die Zukunft.

Bedenke doch mal,
was du schon alles
überstanden hast.

Und was alles
gut gegangen ist,
trotz deiner Angst.

Du hast guten Grund,
dem Leben zu trauen.
Es traut dir einiges zu.

> Unsere Ängste sind Wege zum Vertrauen.
> Indem wir das tun, wovor wir Angst haben,
> wächst unser Selbstvertrauen.

JUNI 20

Keine Lust auf die Lust.
Null Bock. Lust-los.
Verlust der Lebensfreude.

Lust und Verlust
sind (k)ein lustiges Paar.

Aber viele gewinnen
die Lust am Leben erst
wieder durch einen Verlust.

Ein Unfall oder Krankheit
heilt sie von ihrer Unlust.

Ab und an braucht´s Umwege,
um die Freude am Leben
wieder zu finden.

> Früher hatte ich kein Auge für die blühende Pracht im Frühling. Doch seit meiner Diagnose kann ich nur noch staunen.
> *Petra, 47, krebskrank*

JUNI
21

Amseln, Drosseln, Finken,
Meisen, Spatzen, Stieglitze,
alle singen sie aus voller Kehle,
geben ihr Bestes beim Konzert.

Fröhlich zwitschern Rotkehlchen
ihr Lied schon vor Sonnenaufgang.
Auch der Glaube ist ein Vogel,
welcher singt in dunkler Nacht.

> Heute pfeifen es die Vögel von den Dächern:
> Heute ist Sonnenwende, der längste Tag des Jahres.
> Die Sonne ist uns 16 Stunden und 37 Minuten zugeneigt.

JUNI 22

Auf der einen Seite
geht die Sonne auf,
auf der anderen Seite
geht die Sonne unter.

Auf der einen Seite
haben viele einen Platz
an der Sonne,
auf der anderen Seite
sitzen Unzählige
im Schatten.

Auf der einen Seite
geht die Sonne unter,
auf der anderen Seite
geht die Sonne auf.

> Voltaire brach am frühen Morgen von seinem Gut am Genfer See auf, um den Sonnenaufgang in den Bergen zu erleben. Als er den roten Sonnenball hinter den Gipfeln aufsteigen sah, nahm er seinen Hut ab und sank in die Knie. Voller Ergriffenheit brach Voltaire in einen Hymnus an Gott den Schöpfer aus. Ich glaube, ich glaube an dich!

JUNI
23

Nur wer selbst
bewegt ist,
kann andere
bewegen.

Nur wer selbst
begeistert ist,
kann andere
begeistern.

Nur wer selbst
brennt,
kann andere
entzünden.

> Nur wer sich selbst getragen weiß,
> kann andere tragen.

JUNI 24

Was wir im Schlaf denken,
sehen wir in unseren Träumen.
Was wir unter der Decke halten,
kommt im Dunkel ans Licht.

Manche Träume lassen uns
schweißgebadet aufwachen.
Wir fragen uns besorgt,
was sie uns zu sagen haben.

Und was hat der immer
wiederkehrende Traum zu bedeuten?
Traumdeutung ist mehrdeutig –
wie alles, was bedeutsam ist.

    Träume schlafen nicht.

JUNI
25

Du brauchst
nur das Produkt zu kaufen –
und schon ist dein Problem gelöst.

Du brauchst
nur die Tabletten zu schlucken –
und schon geht es dir besser.

Du brauchst
nur das noch zu haben –
und schon bist du glücklich.

> Habseligkeiten:
> Das Wort hat beides in sich.
> Haben macht selig.
> Selig, wer´s glaubt.

JUNI
26

Wir spinnen,
spinnen immer weiter
an unserem tollen Teppich.

Manchmal
knüpfen wir nur Knoten,
uns fehlt das Muster.

An vielen Tagen
sind wir total versponnen
in unserem eigenem Ich.

Manchmal
sind wir die Spinne im Netz,
spinnen unsere Fäden.

Wie auch immer,
wir spinnen –
so oder so.

> Wer zieht die Fäden? Lauffäden, Fallfäden,
> Sprungfäden, Fangfäden, Klebefäden.
> Und wer hat in der deutschen Sprache
> die Fäden gezogen? Die Spinne spinnt.
> Aber es gibt nicht eine Spinnerin, nur
> Spinner. Und wo ist die Idiotin?
> Von wegen Gleichberechtigung.

JUNI
27

Der Weise weiß,
was er schweigt.

Der Weise weiß,
wann er was sagt.

Zur rechten Zeit
das richtige Wort.

> Der Weise schweigt bis zur rechten Zeit,
> der Tor aber achtet nicht auf die rechte Zeit.
> *Sir 20,7*

JUNI 28

Es wird schon wieder.
Unkraut vergeht nicht.

Unheilbar kranke Sprüche.

Das Leben geht weiter.
Zeit heilt alle Wunden.

Trostlose Trostsprüche.

Gut gemeint ist vielfach
das Gegenteil von gut.

> „Wenn ihr nichts zu sagen habt,
> seid still, seid bitte still!" –
> hat die aidskranke Suzy
> über ihrem Bett geschrieben.

JUNI
29

Sie sind Schwestern und Brüder,
beten zum gleichen Vater,
in getrennten Kirchen.

Sie singen die gleichen Lieder,
hören die gleiche Botschaft
von dem einen guten Hirten.

Sie sind gute Geschwister,
doch das Tischtuch ist nach
500 Jahren immer noch zerrissen.

Sie glauben an den einen Gott,
teilen aber seine Liebe auf
in Diakonie und Caritas.

Sie reden mit zwei Stimmen
und überhören seine Stimme:
Ihr sollt alle eins sein.

> Schaue die Zertrennung an, der sonst
> niemand wehren kann,
> sammle, großer Menschenhirt, alles,
> was sich hat verirrt.
> *Gotteslob Nr. 481*
> *Evang. Gesangbuch Nr. 262*

JUNI
30

Im Rückblick erscheint uns
unsere Kindheit schöner,
als sie in Wirklichkeit war.
Und ist nicht auch der Urlaub
in der Erinnerung am schönsten?

Zum Glück bleibt das Positive
länger im Gedächtnis haften.
Sonst hätten wir es schwer,
so manchen Mitmenschen
in guter Erinnerung zu behalten.

> „Wir hatten auch öfters unseren Zoff.
> In unserer Ehe gab´s einige Probleme.
> Aber das alles ist jetzt weg. Das spielt
> überhaupt keine Rolle mehr. Zurück
> bleibt nur die Erinnerung an die gute
> Zeit miteinander."
> *Eine Witwe im Trauergespräch*

Juli

JULI
1

Heute
ist der erste Tag
von der zweiten Jahreshälfte.

Heute
ist der erste Tag
vom Rest meines Lebens.

Ich weiß nicht,
wie viel oder wie wenig Zeit
mir noch gegeben ist.

Darum ist heute
der wichtigste Tag
von wer-weiß-wie vielen.

> Wir fahren alle im gleichen Zug
> und keiner weiß, wie weit.
> *Erich Kästner (1899–1974)*

JULI
2

Ich ärgere mich,
dass die Frau vor mir an der Kasse
ihre Ware nicht schneller verstaut.

Ich ärgere mich,
dass die Ente auf der Autobahn
ganz gemütlich vor mir hinfährt.

Ich ärgere mich,
dass die Südländer sich immer
so viel Zeit lassen.

Am meisten aber
ärgere ich mich
über mich.

> Geduld üben: Du stehst in der Schlange an der Kasse und lässt die ungeduldige Person hinter dir vor dich. Beim zweiten Mal lässt du die beiden Hinteren den Vortritt, beim dritten Mal drei Probanden. Du setzt die Übung jede Woche geduldig fort, bis es die Hinteren ärgert, dass du so viel Geduld hast.

JULI
3

DU bist Friedrich Schiller.
DU bist Sebastian Vettel.

DU bist Franz Beckenbauer.
DU bist Deutschland.

WIR sind Weltmeister.
WIR waren Papst.

ICH bin Petrus.

> „Die Menschen glauben gern das, was sie sich wünschen," sagte Julius Cäsar. Nach ihm ist der Monat Juli benannt. Der Kaiser hat viele wahre Worte gesprochen: „Von allen Galliern sind die Belgier die tapfersten." – Kein Wunschdenken, so wahr ich Belgier bin.

JULI
4

„Jenseits von Eden" sehnen wir uns
zurück in das verlorene Paradies.

Hin und wieder fällt ein Stückchen
Himmel auf die Erde.

Uns in den Schoß.

> Es ist eine Verwandtschaft zwischen den
> glücklichen Gedanken
> und den Gaben des Augenblicks:
> Beide fallen vom Himmel.
> *Friedrich Schiller (1759–1805)*

JULI
5

Wonach dein Herz sich so sehr sehnt,
fällt dir zu, wenn es fällig ist.

Was du schon immer haben wolltest,
bekommst du, zu gegebener Zeit.

Warte geduldig, bis es soweit ist,
dann fällt dir das Ersehnte zu.

Völlig unerwartet.

> Alles nimmt ein gutes Ende für den,
> der warten kann.
> *Lew Tolstoi (1828–1910)*

JULI
6

Möchte ich
ein anderer sein,
bin ich nicht gerne
bei mir.

Bin ich froh,
ich selbst zu sein,
bin ich überall
bei mir zuhause.

> Wenn ich nicht ich wäre,
> würde ich mich beneiden.

JULI
7

Ich sage man
und meine mich.
Mein Wir ist nur
ein weiteres Ich.

Sage ich du,
denke ich an mich.
Auch über andere
rede ich über mich.

Stunde für Stunde,
Satz für Satz
sage ich ich.
Ständ*ich*.

> Denn wovon das Herz voll ist,
> davon spricht der Mund.
> *Mt 12,34*

JULI

8

Ich würde sagen ...
Ich möchte glauben ...
Ich glaube sagen zu können ...
Man könnte meinen ...
So reden und schwatzen wir
eine volle Stunde am Tag.

Sagen wir lieber offen,
was wir ehrlich denken.
Und scheuen wir uns nicht,
auch Gefühle auszusprechen.
Wir haben uns viel zu sagen
in unserer Sprechstunde.

Jedes gute Gespräch
ist eine Aussprache.

JULI
9

Das Gras der anderen
war schon immer grüner.
Neid und Missgunst sind
ein gefährliches Gift,
vergiften unsere Seele.

Wir vergleichen uns
mit den Wenigen,
die mehr haben als wir.
Und wir sehen nicht,
wie viele uns beneiden.

> Glück und Regenbogen sieht man nicht
> über dem eigenen Haus,
> sondern nur über den Häusern der Nachbarn.
> *Aus Argentinien*

JULI
10

Ich kenne keine Menschen,
die besser sind als andere,
aber ich kenne viele,
die sich für besser halten.

Ich kenne niemanden,
der nur gut ist.
Ich kenne nur Menschen,
die gut und böse sind.

Auch du und ich,
wir haben wie alle anderen
gute und weniger gute Seiten,
aber nicht weniger gute Seiten.

> Auch die sogenannten Gutmenschen
> sind nicht so gut, wie sie anderen scheinen.

JULI
11

Rede ich gut über mich,
fühle ich mich nicht schlecht.

Rede ich schlecht über andere,
fühle ich mich besser.

Reden andere gut über mich,
fühle ich mich am besten.

> Ich bin toll.
> Woher weißt du das?
> Andere haben es mir gesagt.

JULI
12

Es ist besser,
wenn man über dich redet,
als dich totschweigt.

Es ist besser,
wenn man über dich lacht,
als vor dir zittert.

Am besten ist,
wenn du über die lachst,
die du fürchtest.

> Nimm dich selbst auf den Arm,
> dann fällt dir selbst das Schwere leicht.

JULI
13

Alles hat seine Zeit.
Nur bei schönem Wetter können
die tätowierten Mannsbilder
ihre Körper-Kunstwerke
zur Schau tragen.

Eines Tages sind sie
nur noch Haut und Knochen.
Und auch das hehre Hirschgeweih
ist nicht mehr da, wo es war.
Alles hat seine Zeit.

Schauen wir mal!

> Die gestählten Bizepsbodys von heute
> sind die Knochengestelle von morgen.

JULI
14

Zahn
um Zahn
geht verloren.

Brücken,
Dritte Zähne,
Implantate.

Der Zahn
der Zeit
zieht jeden aus.

> Die Zeit hat harte Zähne.
> *Aus Norwegen*

JULI
15

Halten wir
unsere Kinder fest,
gehen sie.

Lassen wir
unsere Kinder gehen,
kommen sie wieder.

So einfach ist das
und doch schwer.

    Auch unsere Eltern mussten lernen:
    Unsere Kinder sind nicht unsere Kinder.

JULI 16

Ich stehe vor einem Berg
und weiß nicht,
wie ich hinaufkommen soll.

Erst wenn ich oben bin,
sehe ich den Weg.

Ich stecke in einer Sackgasse
und weiß nicht,
wie ich herauskommen soll.

Erst wenn ich umkehre,
finde ich den Ausweg.

> Wo nichts mehr geht,
> fängt alles an.
> *Spruch auf der Berliner Mauer*

JULI 17

Selbst schuld.
Dieses Urteil ist leicht –
fertig.

Selbst schuld.
Dieses Urteil ist leicht –
sinnig.

Denn wie leicht fällt
das schwere Urteil
auf dich selbst zurück.

> Bei vielen ist Arbeitslosigkeit der Anfang vom Ende. Wer ein paar Monate lang die Miete nicht bezahlen kann, wird zwangsgeräumt. Wohnung weg, Arbeit weg – und wenn dann der Partner auch noch weg ist, dann rutschen viele ganz schnell nach unten. Dann kommt noch der Tröster Alkohol dazu und schon gehört man zu denen, um die man früher einen Bogen gemacht hat.

JULI
18

Bevor du den Stab brichst
über einen anderen,
schau dich im Spiegel an –
dann siehst du den Dreck,
den du am Stecken hast.

Bevor du den Stein wirfst
auf einen anderen,
schau dich im Spiegel an –
dann fällt dir der Stein
von selbst aus der Hand.

> Wer von euch ohne Sünde ist,
> werfe als Erster einen Stein auf sie.
> *Joh 8,7*

JULI
19

Gesund soll das Kind sein
und brav und pflegeleicht
und intelligent und sportlich
und besser als die anderen.

Und oft soll das Kind
auch das noch werden,
was die Eltern selbst
nicht geworden sind.

Kinder haben es heutzutage
nicht leicht mit ihren Eltern,
die es doch nur gut meinen
und nur ihr Bestes wollen.

> Befriedigend ist nicht gut.
> Gut ist nicht gut genug.
> Sehr gut ist schon besser.
> Das Allerbeste befriedigt.

JULI
20

In der Erziehung ziehen viele Eltern
ihr Kleines richtig in eine Richtung.

Ihr Kind muss Klavierspielen lernen.
Ihr Liebstes muss aufs Gymnasium.

Weil das Ziehen meist nicht zieht,
ziehen die Eltern den Kürzeren.

> Kinder und Uhren dürfen nicht beständig aufgezogen werden.
> Man muss sie auch gehen lassen.
> *Jean Paul (1763–1825)*

JULI
21

Wir sind auf der Suche,
suchen unsere Sehnsucht
nach Liebe zu stillen.

Wenn wir nicht finden,
wonach das Herz sich sehnt,
werden wir leicht süchtig.

Die Flasche wird zur Freundin,
die Tabletten oder die Spritze
zum Ersatz für die Liebe.

> *Keine Macht den Drogen* steht auf dem
> T-Shirt
> über dem Bierbauch.
>
> *Nationaler Gedenktag für die Drogentoten*

JULI
22

10-km-Lauf, Marathon,
100-km-Lauf, Berglauf,
Triatlon, iron man …

Der Ehrgeiz macht gierig,
immer noch mehr leisten.
Leistung macht süchtig.

Süchtig nach Erfolg,
süchtig nach dem Kick,
süchtig nach immer noch Mehr.

Nicht wenige bezahlen
ihre Gier mit dem Leben.
Gerade auch Geldgierige.

> „Ich habe immer nur gespart und für´s Geld gelebt.
> Jetzt sehe ich, dass ich am Leben vorbei-gelebt habe."
> *Ein geiziger Geldsack kurz vor seinem Tod*

JULI
23

Verkehrssünder,
Temposünder,
Promillesünder.

Umweltsünder,
Klimasünder,
Steuersünder.

Nicht zu vergessen
die Nasch-Verstöße,
die süßen Sünden.

Sünder sind wir allzumal,
und haben nicht einmal
ein Sündenbewusstsein.

> Geiz ist geil – aber auch eine der sieben Hauptsünden.
> Habgier, die Wurzel unseres Wirtschaftssystems, ist die Kapital-Sünde, die uns von Gott absondert.

JULI 24

Wenn es dir schlecht geht,
mach dir keine Sorgen –
das geht vorüber.

Wenn es dir gut geht,
mach dir keine Sorgen –
das geht vorüber.

> Es geht alles vorüber,
> es geht alles vorbei …
> Spruch auf der Klopapierrolle

JULI
25

www –
world wide web –
weltweit verbunden.

Wenn aber die Seele
keine Verbindung bekommt,
schreit sie ihr Weh hinaus.

Und wie weh tut es,
trotz Twitter, SMS, Facebook
einsam zu sein.

>Wasser, Wellen, Wind,
>Wiesen, Wolken, Weite …
>Welch wunderbare Welt!
>
>www – im Urlaub.

JULI 26

Unzählige sind unterwegs,
um sich selbst zu suchen.

Tausende pilgern nach Santiago,
um zu sich zu kommen.

Manche gehen in ein Kloster,
um sich selbst zu begegnen.

Andere finden sich
an einem stillen Örtchen wieder,
wo sie ganz allein mit sich sind.

> Es ist schwer, sich selbst zu finden,
> wenn man nicht weiß, wo man sich
> verloren hat.

JULI
27

Wer glaubt, zweifelt.
Kein Glaube ist
zweifelsfrei.

Nichtgläubige
zweifeln auch.
Zweifelsohne.

Wir zweifeln alle
und sind uns unserer Zweifel
nicht einmal sicher.

> Mein Gott,
> wenn es dich gibt,
> hab Erbarmen mit meiner Seele,
> wenn ich eine habe.
> *Stendhal (1783–1842)*

JULI 28

Ich denke anders,
du doch auch.

Ich glaube anders,
du doch auch.

Ich liebe anders,
du doch auch.

Ich bin anders,
du doch auch.

Und Du bist anders,
ganz anders.

> Andersdenkende, Andersgläubige,
> Andersartige sind die besten Boten
> des Ganz-Anderen.

JULI
29

Wir sind blutsverwandt
und kennen uns schon lange,
aber wir bleiben uns fremd.

Wir kennen einander kaum,
aber wir stehen uns sehr nahe.
Unsere Seelen sind verwandt.

Als wären wir schon immer
Bruder oder Schwester
füreinander gewesen.

>   Schreib einmal auf,
>   welche Menschen dir am nächsten stehen.
>   Wer dich wohl auf der Liste hat?

JULI
30

Man spricht mir vor,
was ich sage.

Man schreibt mir vor,
was ich lese.

Man kaut mir vor,
was ich esse.

Man lebt mir vor,
wie ich lebe.

Wo man ist,
soll ich sein.

> Dort muss man gewesen sein.
> Das muss man gesehen haben.
> Das ist ein Must, ein must visit.
>
> Müssen müssen wir nur eines …

JULI
31

Wir blättern durch
das Katalogparadies.

Wir zappen durch
die Fernsehwelt.

Wir surfen durch
die virtuelle Welt.

Doch keine Scheinwelt
hilft uns wirklich
durchs Leben.

>Reality-TV ist
>nicht real life.

August

AUGUST
1

Jeder Monat kommt jedes Jahr wieder,
jeder Tag kehrt jede Woche wieder,
doch dieser Tag kommt nie zurück.

Manches können wir zurücknehmen,
nichts aber rückgängig machen –
mögen wir es noch so sehr bereuen.

Manches holt uns immer wieder ein,
nichts aber können wir wiederholen.
Alles im Leben ist unwiederholbar.

> Ist das Wort dem Mund entflohen,
> kehrt zurück es nimmermehr,
> und führ´ die Reu im gleichen Atem
> selbst mit vier Pferden hinterher.
> *Altes Sprichwort*

AUGUST

2

Heute denkst du morgen.
Morgen denkst du später.
Später denkst du damals ...

Wenn die Zeit doch
noch ein Mal wiederkäme –
die Zeit von heute.

Und du wirst dich fragen,
warum du damals nicht
glücklicher gewesen bist.

> Alle sind klug.
> Die einen vorher,
> die anderen nachher.
> *Aus China*

AUGUST
3

Wenn du dich
bei einer Niederlage
nicht niederlegst,
hast du gewonnen.

Wenn du
nach einer Niederlage
wieder aufstehst,
hast du dich besiegt.

> Wer andere Menschen besiegt, hat Gewalt,
> wer sich selbst besiegt, ist stark.
> *Laotse (6. Jh. v. Chr.)*
>
> Der Monat August wird nach dem römischen Kaiser Augustus benannt, der in diesem Monat die meisten seiner Siege errungen hat.

AUGUST
4

Sonnenbad.
Freibad.

Sonnenparadies.
Ferienparadies.

Sonnenbrand.
Hautkrebs.

Wo Sonne ist,
ist auch Schatten.

> Die Sonne bringt es an den Tag.
> *Chamisso (1781–1839)*

AUGUST 5

Wir alle lagen schon am Boden,
saßen in einem tiefen Loch.

Und dennoch sind wir irgendwie
wieder auf die Beine gekommen.

In uns wohnt eine starke Kraft,
die uns erneut aufstehen lässt.

Unser aller Leben ist eine lange,
lange Auferstehungsgeschichte.

Von Kindesbeinen an hatten wir
die Lektion des Lebens zu lernen:

Ein Mal mehr aufstehen als fallen.

> Fallen ist keine Schande,
> aber liegen bleiben.

AUGUST

6

Jeden Tag aufstehen,
auf eigenen Beinen stehen.

Jeden Tag im Leben stehen,
das Alte neu bestehen.

Jeden Tag durchstehen,
dem Bösen widerstehen.

Jeden Tag andere ausstehen
und zu sich selbst stehen.

Jeden Tag verstehen,
dass Gott hinter allem steht.

Jeden Tag aufstehen
zu neuem Leben.

> Ver-durch-bei-ein-wider-be-ge-auf-
> STEHEN. Viele Verben stehen auf stehen.

AUGUST 7

Mit offenen Ohren
tief in dich hineinhören,
um aus dem Schweigen
in die Stille zu kommen.

In der Stille merkst du erst,
wie laut du manchmal bist
und wieviel Lärm du machst
um lauter Nichts.

> Die größte Offenbarung ist die Stille.
> *Laotse (6. Jh. v. Chr.)*

AUGUST

8

Um dich kennenzulernen,
brauchst du nur
aus der Haut zu fahren.

Einmal außer dir,
erfährst du nebenbei,
was so alles in dir steckt.

Kommst du wieder zu dir,
ist dir etwas unwohl
in deiner Haut.

Bevor du das nächste Mal
wieder aus der Haut fährst,
gehe erst einmal in dich.

> Oft fuhr man gerne aus der Haut.
> Doch wie man forschend um sich schaut,
> erblickt man ringsum lauter Häute,
> in die zu fahren auch nicht freute.
> *Eugen Roth (1895–1976)*

AUGUST 9

Endlich ausbrechen, frei sein.
Dem Laufrad entfliehen,
weit, weit wegfliegen.

Doch meist dauert´s nicht lange,
da möchten wir wieder heim,
zurück in unseren Käfig.

Oder fahren wir nur fort,
um wieder das beglückende Gefühl
des Heimkommens zu erfahren?

>   Fernweh und Heimweh
>   sind Nachbarn.

AUGUST
10

Wir fahren
weiß Gott wohin,
suchen überall
das große Glück.

Wir fliegen
um die halbe Welt,
sind auf der Flucht
vor uns selbst.

Halten wir an,
dann finden wir,
was wir suchen,
in uns selbst.

> Das Glück liegt
> nicht in den Dingen,
> sondern in den Menschen.
> *Aus Deutschland*

AUGUST 11

Im Urlaub
kannst du dir das erlauben,
was du dir sonst nicht gönnst.

Und du kannst ruhig das tun,
was du sonst nicht tust.
Nichts.

Nichts tun tut gut.
Und sich danach auszuruhen,
ist eine Wohltat.

    Nichts tun. Auch nichts denken.
    Da kommen dir die besten Gedanken.

AUGUST

12

Je mehr
wir nach der Uhr gehen,
desto schneller
läuft uns die Zeit davon.

Je mehr
Zeit wir uns lassen,
desto mehr
haben wir davon.

> Ihr habt die Uhren,
> wir die Zeit.
> *Afrikanisches Sprichwort*

AUGUST
13

Wie geht es Ihnen?
Danke. Und selbst?
Auch gut. Danke.
Höflich gehen wir
miteinander um,
um uns zu umgehen.

Wie geht es dir?
fragen wir so
im Vorübergehen,
bis uns einer
stillhalten lässt:
Mir geht´s nicht gut.

> Wie geht es dir?, frage ich meinen
> früheren Nachbarn Heinz.
> Wie soll es einem schon gehen,
> der Prostatakrebs hat!?

AUGUST 14

Kein Blick, kein Nicken, nichts.
Viele laufen aneinander vorbei,
als wären sie Luft füreinander.

Beim Grüßen zeigen wir Respekt
füreinander und begegnen uns
mit Hochachtung auf Augenhöhe.

Wir wünschen uns gegenseitig
etwas Gutes: Guten Morgen.
Schönen Tag. Viel Glück.

> In Nepal und Indien verneigen sich
> die Menschen voller Achtung vorein-
> ander und sagen: Namaste! Ich grüße
> alle göttlichen Eigenschaften in dir.
> Auf Deutsch: Grüß Gott!

AUGUST
15

Unser Leben lang sind
wir auf dem Heimweg
und haben Heimweh.

Und wenn wir dann
eines Tages heimgehen,
kommen wir endlich heim.

> Heute ist Mariä Himmelfahrt.
> Geflogen ist sie nicht,
> nur heimgegangen.

AUGUST 16

Ein Zuhause ist mehr
als ein Gebäude
aus Stein und Mörtel.

Ein Zuhause ist mehr
als ein Wohnsitz,
wo ich gemeldet bin.

Wo mein Herz ist,
da bin ich daheim –
in jeder Kammer.

> „Ein Zuhause ist, wo man hingeht,
> wenn einem die Orte ausgegangen sind."
> *Filmschauspielerin Barbara Stanwyck,*
> *die als vierjähriges Mädchen schon Vollwaise war.*

AUGUST
17

Wir brauchen Idole und Vorbilder,
zu denen wir hinaufschauen.
Aber wir brauchen sie nicht
auf ein Podest zu stellen.

Denn allzu oft fallen
die Bewunderten herunter
und wir wundern uns,
dass sie auch nur Menschen sind.

    Der Fall Margot Käsmann.
    Der Fall Guttenberg.
    Der Fall Lance Armstrong.
    Der Fall Uli Hoenes.

AUGUST
18

Heute ist morgen
schon gestern.

Morgen war gestern
noch heute.

Gestern war heute
noch morgen.

Heute wird immer
der Tag sein.

Der wichtigste
im Leben.

> Der größte Verlust
> fürs Leben ist
> das Hinausschieben.
> *Seneca (4 v. Chr.–65 n. Chr.)*

AUGUST
19

Viele gehen in die leere Kirche;
sie kommen dort zur Ruhe,
ihr Schweigen ist ihr Gebet.

Viele gehen in die grüne Kirche;
sie joggen durch den Wald
und beten laufend mit den Füßen.

Viele gehen in die Konzert-Kirche;
sie hören mit betenden Ohren,
wie der Unberührbare sie berührt.

Viele sind keine Kirchgänger,
können aber auf ihre eigene Art
dem Himmel sehr nahe sein.

> Wer glaubt, der Wanderer sei ein Sünder,
> weil selten er zur Kirche geht,
> im grünen Wald ein Blick zum Himmel,
> ist besser als ein falsch Gebet.

AUGUST 20

Mache heute einen Besuch bei dir
und frage ruhig, wie es dir geht.

Falls du nicht zuhause sein solltest,
klopfst du morgen noch einmal an.

Triffst du wieder niemanden an,
machst du dich auf den Weg
und gehst zu dir nach Hause.

> Es gibt für den Menschen keine geräuschlosere und ungestörtere Zufluchtsstätte als seine eigene Seele. Halte recht oft stille Einkehr und erneuere so dich selbst.
> *Marc Aurel (121–180)*

AUGUST
21

Es sagt nichts,
es macht immer nur
große Augen –
das Kind.

Es versteht nichts,
es lächelt immer nur –
das Kind,
das behinderte.

> Jubeln, Jauchzen, Kuscheln, Strahlen, Lachen.
> Du hast uns so viele kleine Freuden geschenkt,
> Freuden, von denen andere nichts verstehen.
> *Eltern eines schwerstbehinderten Kindes*

AUGUST
22

Damals
wurden mongoloide Kinder
umgebracht.

Heute
werden mongoloide Kinder
nicht mehr geboren.

Das
ist der Fortschritt.
Der so genannte.

> Wer in Zeiten vorgeburtlicher Diagnostik noch ein behindertes Kind zur Welt bringt,
> muss sich auch von Freunden die Frage gefallen lassen: Konntet ihr das nicht verhindern?

AUGUST 23

Du glaubst,
dass du für jemanden,
der völlig am Ende ist,
nichts mehr tun kannst.

Wenn du bei ihm bleibst,
sein Leid mit ihm teilst,
tust du für ihn viel mehr
als du glaubst.

> Austherapiert, ausrangiert, aufs Abgleis abgestellt. Im Hospiz zeigt sich, was man für einen Menschen, für den man nichts mehr machen kann, noch alles tun kann. Ihn liebevoll begleiten, ihm seinen letzten Wunsch erfüllen, ihm die Hand halten und hinüber helfen …

AUGUST 24

Auch du trägst
den Engel in dir,
der fremdes Leid
liebevoll mitträgt.

Auch du trägst
den Engel in dir,
der dich für andere
ein Segen sein lässt.

Auch du trägst
den Engel in dir,
der dir Flügel verleiht,
zum Himmel zu fliegen.

> Auch du bist mehr,
> als du willst.

AUGUST 25

Die Zeit ist ein Rätsel,
das erst die Zukunft löst.
Das Leid ist ein Rätsel,
das auch die Zeit nicht löst.

Die Liebe ist ein Rätsel,
das viele Fragen stellt.
Der Tod ist das Rätsel,
das uns nicht ruhen lässt.

Darum brauchen wir Rätsel,
die wir in Ruhe lösen können.

> Auch du kannst dieses Rätsel lösen:
> In das Herz des größten Weltbezwingers
> setz ein „Du" hinein
> und des Leidens höchster Überwinder
> wird gefunden sein.

AUGUST
26

Der Glaube
bleibt meistens
im Kopf sitzen.
Manchmal
sickert er durch,
bis ins Herz.

Nur selten
bekommt er
Hand und Fuß.
Erst die Liebe
macht den Glauben
glaubwürdig.

In der Tat.

> Mutter Teresa wird am 26. August in Skopje geboren. In Kalkutta ist sie eine Zeitlang Lehrerin an einer Schule für Mädchen aus höheren Kreisen. Die Begegnung mit den Menschen am Straßenrand kehrt ihren Blick und lässt sie fortan nach unten schauen.

AUGUST
27

Wir möchten
unser Leben verlängern,
solang es geht.

Wir möchten
unseren Tod hinausschieben,
so weit wie möglich.

Wenn es nicht mehr weitergeht,
möchten wir es hinter uns haben,
so schnell wie möglich.

Darum wünschen sich
die meisten einen Sekundentod,
um das Zeitliche zu segnen.

> Wie möchten Sie sterben?
> Plötzlich, aber noch lange nicht,
> antworten 42,6 Prozent der Befragten.
> Und die Übrigen: Gar nicht.

AUGUST 28

Schwalben, Wildgänse,
Kraniche, Störche, Stare
sammeln sich Ende August.
Sie wissen, dass es Zeit ist.

Wochenlang sind sie
zu ihrem Ziel unterwegs
und haben eine Karte,
einen Kompass im Kopf.

Zugvögel kommen auch
ohne Navi gut nach Hause
und finden alle Jahre wieder
ihr warmes Winterquartier.

> Kommt es von deiner Einsicht, dass der Falke sich aufschwingt und nach Süden seine Flügel ausbreitet? Fliegt auf dein Geheiß der Adler so hoch und baut seinen Horst in der Höhe?
> Auf Felsen wohnt und nächtigt er, auf der Felsenzacke und an steiler Wand.
> *Ijob 39,26-28*

AUGUST
29

Wirft dein Nachbar
dir Steine in den Weg,
gehst du darüber hinweg
mit einem Lächeln.

Wirft dein Nachbar
dir Steine in den Garten,
bringst du ihm Blumen
aus deinem Garten.

Die etwas andere
Nachbarschaftshilfe.

> Lass dich nicht vom Bösen besiegen,
> sondern besiege das Böse durch das
> Gute!
> *Röm 12,21*

AUGUST 30

Wer viel hat,
braucht nicht wenig,
um sich zu freuen.

Wer nicht viel hat,
braucht nur wenig,
um sich zu freuen.

Wer mit wenig genug hat
und nicht mehr braucht,
ist ein glücklicher Mensch.

> Wenig brauchen ist besser als viel haben.
> *Augustinus (354–430)*

AUGUST
31

Ich liege
am Wasser
und träume
vom Meer.

Ich liege
am Meer
und träume
vom Mehr.

> Tausend und abertausend Ströme fließen ins Meer, aber das Meer ist nie voll – und könnte der Mensch Stein zu Gold verwandeln, sein Herz ist nie zufrieden.
> *Aus China*

September

SEPTEMBER
1

Das Träumen ist
der Sonntag des Denkens.
Das Undenkbare wird wahr.

Halten wir unsere Träume wach,
dann werden unsere Wege auch
werktags sonnenbeschienen sein.

> Mit 17 hat man noch Träume,
> mit 70 noch mehr.
>
> September war der siebte Monat im alt-
> römischen Kalender, der mit dem Früh-
> ling begann. Die Zahl 7 steht für Erfül-
> lung, Ganzheit, Vollkommenheit. Der
> September ist der Mai des Herbstes.
> "Durch des Septembers heitern Blick,
> schaut noch einmal der Mai zurück."

SEPTEMBER
2

Bist du ein Wunschkind
oder ein Zufallsprodukt?

Oder war es Gott selbst,
der dich ins Leben rief?

Wie du es auch sehen magst:
Es ist gut, dass es dich gibt.

Erst recht, wenn du das,
was dir gegeben wurde,
anderen weitergibst.

> Ich bin so dankbar,
> dass es dich gibt.
> Ich danke Gott,
> dass er dich
> mir gegeben hat.

SEPTEMBER 3

Im Krankenbett
siehst du mehr
als in der Hängematte.

Im Rollstuhl
siehst du mehr als
auf dem Fahrersitz.

Auf der Anklagebank
siehst du mehr als
auf dem Richterstuhl.

Von unten
siehst du mehr als
von oben.

> Was ein Alter im Sitzen sieht,
> kann ein Junger nicht einmal
> im Stehen erblicken.
> *Aus Nigeria*

SEPTEMBER

4

Ich finde die Schuld bei dir,
um sie nicht bei mir zu suchen.

Du beschuldigst mich,
um dich zu entschuldigen.

Wir können kaum bekennen:
Ich war`s! Ich bin schuld!

Darum schieben wir einander
die Schuld in die Schuhe –
wie schon Adam und Eva.

> Mein Erfolg, mein Verdienst.
> Mein Scheitern, deine Schuld.

SEPTEMBER
5

Wir haben
mehr Leitplanken
als Leitbilder.

Wir haben
mehr Verbotsschilder
als Wegweiser.

Wir haben
mehr Parkhäuser
als Spielplätze.

Wir haben
immer mehr junge Menschen,
die nicht wissen wohin.

> So viele Richtungen, welche ist richtig?
> So viele Wege, die vom rechten Weg
> wegführen.

SEPTEMBER
6

Mein Magen muss nicht
nur das Essen verdauen.
Meine Hirnzellen haben
viel zu viel zu verarbeiten.

Eine Menge Gift entgiftet
meine Leber tagein tagaus.
Und was hat mein Herz
schon verkraften müssen!

Und was ist alles schon
durch diesen dünnen
Schlauch durchgegangen,
ohne schlapp zu machen.

Mein wunderbarer Körper
muss ein dummer Esel sein,
dass er das alles mitmacht
und mich immer noch weiterträgt.

> Die Leber braucht eineinhalb Stunden,
> um ein Glas Bier zu entgiften.
> Ein gutes Gegenmittel: Ein warmes Glas
> Wasser mit frisch gepresstem Zitronen-
> saft auf nüchternem Magen reinigt
> Leber und Gallenblase.

SEPTEMBER
7

Chirurg ist ein schöner Beruf,
nur nicht der Schönheitschirurg.
Er schneidet an Bauch, Brust,
Beinen, Po und sonst noch wo.

Auch die Männer machen mit,
legen sich munter unters Messer.
Und die Models in den Medien
sind flach wie der Bildschirm.

Nur noch die Oberfläche zählt.
Nur noch gut aussehen.
Dabei wird doch immer mehr
von inneren Werten geredet.

> Schönheit und Verstand sind selten
> verwandt.
> Das Schöne an Sprichwörtern ist:
> Sie sagen Wahres schonungslos.
> Ungeschminkt.

SEPTEMBER

8

Intelligenz, Begabungen …
Wir erben nicht nur Gutes.

Haarausfall, Hasenscharte …
Das Erbgut hat es in sich.

Der Schimpanse hat fast
die gleichen Gene wie wir.

Auch die schöne Fruchtfliege
kommt uns furchtbar nahe.

Verwandtschaft
kann peinlich sein.

> Wenn der Mensch vom Affen abstammt,
> bin ich froh, dass ich ein Schwein bin.

SEPTEMBER
9

Etwa hunderttausend Kilometer
Blutgefäße schlagen unaufhörlich
auf dem Herzmuskelrhythmus,
mindestens 100.000 Mal am Tag.

Nie macht die Pumpe eine Pause,
immer schlägt mein Herz für mich;
und hört es einmal auf zu schlagen,
hat meine Todesstunde geschlagen.

Bei Eintritt des Todes wurde früher die Uhr angehalten,
um den Todeszeitpunkt festzuhalten.

SEPTEMBER
10

Eltern möchten ihren Kindern
ihre Erfahrungen weitergeben.

Aber manche Erfahrungen
können sie ihnen nicht ersparen.

Das haben auch schon die Eltern
der Eltern schmerzlich erfahren.

> Der Mensch hat dreierlei Wege klug zu handeln:
> Erstens durch Nachdenken,
> zweitens durch Nachahmen – das ist der leichteste,
> und drittens durch Erfahrung – das ist der bitterste.
> *Konfuzius (um 550–480 v. Chr.)*

SEPTEMBER
11

Du glaubst,
es geht dir schlecht.

Dann geh doch einmal
ins Krankenhaus.

Geheilt
kehrst du heim.

> Wer humpelt, soll den besuchen,
> der sich das Bein gebrochen hat.
> *Arabisches Sprichwort*

SEPTEMBER
12

Ich dachte immer,
dass es mir schlecht geht,
bis ich dir begegnet bin.

Ich dachte immer,
dass es dir gut geht,
bis ich dich habe heulen sehen.

> Ich war ärgerlich,
> weil ich keine Schuhe hatte –
> da traf ich einen, der ohne Füße war.
> *Chinesisches Sprichwort*

SEPTEMBER
13

Du beharrst auf deinem Standpunkt
und bleibst immer stur stehen.

So kommst du keinen Schritt weiter
und trittst ständig auf der Stelle.

Du bewegst dich auf den anderen zu
und verstehst langsam seine Sicht.

So kommst du weiter auf deinem Weg
und der Wahrheit ein Stück näher.

> Der Pole wird betrogen vom Deutschen,
> der Deutsche vom Italiener, der Italiener
> vom Spanier, der Spanier vom Juden und
> der Jude vom Teufel.
> *Polnisches Sprichwort*

SEPTEMBER
14

Was du über manche denkst,
denken andere über dich.

Was du von manchen sagst,
sagen andere von dir.

Was du in manchen siehst,
sehen andere in dir.

Was du von manchen wünschst,
wünschen andere sich von dir.

Was du für manche bist,
sind andere für dich.

>Ich und du,
>Müllers Kuh.
>Müllers Esel,
>das bist du.

SEPTEMBER
15

Eine halbe Stunde Betteln
reicht aus, um das Leben
mit anderen Augen zu sehen.

Eine halbe Stunde Betteln
reicht aus, um zu begreifen:
Geben ist seliger als nehmen.

Eine halbe Stunde Betteln
reicht aus, um zu erfahren,
wie reich du bist.

> „Hier am Bahnhof zu stehen und die Hand auszustrecken, das ist so erniedrigend, dass ich mir vorher jedes Mal fünf Büchsen Bier ansaufen muss. Sonst schaffe ich es nicht. Und mit der Kohle kauf ich mir dann wieder Bier, damit ich mich wieder hinstellen kann. Und am meisten regt mich auf, dass die Leute dich nicht fragen, warum du da stehst, wofür brauchst du das Geld. Wenn ich meine Ratenzahlung, meine Schulden, die Fahrkarte und das Essen für den Hund abziehe, bleibt mir nichts anderes übrig als schnorren zu gehen."
> *Andrea, Punkerin*

SEPTEMBER
16

Solange
du gesund bist,
weißt du nicht,
was du hast.

Sobald
du krank bist,
weißt du,
was du hattest.

    Der Kranke weiß,
    wie reich er war.

SEPTEMBER
17

Was nutzt die beste Methode,
wenn das liebende Interesse
am kranken Menschen fehlt?

Aufmerksam wahrnehmen,
was dem anderen wehtut,
ist oft schon heilsam.

Die liebevolle Zuwendung
von Mensch zu Mensch
macht Kranke heil.

> PS.: Und auch die Liebe
> zu sich selbst weckt
> die Selbstheilungskräfte.

SEPTEMBER

18

Der Bescheidene
weiß Bescheid.

Er weiß sehr wohl,
was er alles hat.

Der Bescheidene
ist gescheit.

Er ist mit dem zufrieden,
was ihm beschieden ist.

> Bescheidenheit ist eine Tugend,
> die man vor allem an anderen schätzt.
> *Francois de La Rochefoucauld (1630–1680)*

SEPTEMBER
19

Ich rufe
dich an –

Ich schreie
dich an –

Ich schweige
dich an –

bis ich wieder
mit dir reden kann.

> Ich suchte Gott und fand ihn nicht;
> ich suchte meine Seele und fand sie nicht;
> ich suchte meinen Nächsten und fand alle drei.
> *Aus einem Russischen Konzentrationslager*

SEPTEMBER
20

Mein Engel
hat keine Flügel,
nur helfende Hände
und ein offenes Herz.

Mein Engel
steht fest zu mir,
und er geht mit mir,
auch durch die Wüste.

Mein Engel
kommt von Gott her
und sagt mir ohne Worte:
Ich bin immer bei dir.

> Der Engel, nach dem ihr euch sehnt:
> Siehe, er ist schon unterwegs.
> *Nach Mal 3,1*

SEPTEMBER
21

Trage deinen Kopf
nicht so hoch.
Hochnäsige gibt es
schon genug.

Leg die Messlatte
nicht zu hoch.
Tiefgefallene gibt es
schon mehr als genug.

>   Dunghills rise and castles fall.
>   Misthaufen wachsen, Schlösser fallen.
>   *Aus Amerika*

SEPTEMBER 22

Deine gute Tat
kehrt zu dir zurück.

Dein Lächeln
strahlt auf dich zurück.

Was du gibst,
bekommst du zurück –
mehrfach.

> Willst du glücklich sein im Leben,
> trage bei zu andrer Glück;
> denn die Freude, die wir geben,
> kehrt ins eigene Herz zurück.
> *Alter Spruch*

SEPTEMBER
23

Du kannst dich jeden Tag
anders im Spiegel sehen.
Du kannst Alt-Bekanntes
immer wieder neu sehen.

Du kannst dir die Augen
eines kleinen Kindes leihen,
das alles das erste Mal sieht
und nur noch staunt.

Wie kann ein Apfelbaum Äpfel
und ein Birnbaum Birnen machen,
beide stehen doch nebeneinander
mit den Füßen in der gleichen Erde!?

> Heute fängt der Herbst an. Tag und Nacht sind gleich lang.
> Im September gibt es oft ganz unverhofft ein paar warme Tage, den „Altweibersommer". An solchen Sonnentagen hängen feine, silbern glänzende Fäden an den Zweigen und schweben durch die Lüfte wie seidig glänzendes Greisenhaar.

SEPTEMBER
24

Red nicht drum herum.
Sag klar deine Meinung.

Lauf nicht hin und her.
Geh du deinen Weg.

Sei nicht dies und jenes.
Werde, wer du bist.

> Sobald du dir selbst vertraust,
> weißt du zu leben.
> *Johann Wolfgang Goethe (1749–1832)*

SEPTEMBER
25

Könnte ich noch einmal
ganz von vorn anfangen ...

Vieles würde ich wohl
genauso machen.

Vieles sicher auch anders,
viel, viel besser.

Vielleicht.

Non, rien de rien, non, je ne regrette rien!
Nichts, gar nichts bereue ich ...
Auch nicht, was schief gegangen ist.
Ein gutes Lied zum Abgang.

SEPTEMBER
26

Wie viel hast du gehabt?
Was hast du geglaubt?

Nein, das wird dich
nicht gefragt werden.

Warum bist du keine
Mutter Teresa gewesen?

Nein, das wird auch
nicht die Frage sein.

Was hast du gemacht
aus deinem Leben?

Das wird die Frage sein,
die dich richtet.

> Vor seinem Ende sprach Rabbi Susja:
> „In der kommenden Welt wird man
> mich nicht fragen: Warum bist du nicht
> Mose gewesen? Man wird mich fragen:
> Warum bist du nicht Susja gewesen?"
> *Chassisdische Legende*

SEPTEMBER
27

Fast 30.000 Kinder
sterben weltweit Tag für Tag
den Hungertod.
Was ist da eine Patenschaft?

Eigentlich nichts,
aber für das Kind alles,
das neben Essen auch noch
Schulbildung bekommt.

> Wenn viele kleine Leute
> an vielen kleinen Orten
> viele kleine Schritt tun –
> dann verwandelt sich
> das Antlitz der Erde.
> *Aus Afrika*

SEPTEMBER 28

Doppelt so viele verkaufte
Handys wie Babys geboren.

6,4 Minuten zum Frühstücken,
4 Stunden vor dem Fernseher.

1,8 Küsse – ohne „Negerküsse"
und die vielen SMS-Bussis.

Wir blinzeln nicht weniger
als 15.000 Mal mit den Augen.

18 neue Statistiken Tag für Tag
über den ganz normalen Alltag.

> Alle Tage lustig – ist gefährlich.
> Alle Tage traurig – ist beschwerlich.
> Alle Tage glücklich – ist unmöglich.
> Aber eins ums andere ist erträglich.

SEPTEMBER
29

Seine Aufgabe täglich zu erfüllen,
verlangt mehr Bewunderung,
als eine Heldentat zu vollbringen.

Seinem Gefährten die Hand zu halten,
erfordert mehr Stärke,
als jemanden auf Händen zu tragen.

Seinen Weg täglich weiterzugehen,
kostet mehr Kraft,
als ein paar Sprünge zu machen.

> Klage nicht über die anderen,
> die hellere Wege wandern,
> erfülle dein Los,
> dann bist du auf deinem Wege groß.
> *Autor unbekannt*

SEPTEMBER
30

Ich lasse die Vergangenheit hinter mir,
doch sie holt mich immer wieder ein.

Ich dränge meinen Schatten beiseite,
doch nachts steht er vor mir im Traum.

Ich flüchte vor mir selbst,
doch bei jedem Schritt begegne ich mir.

Was immer ich auch tue,
ich kann vor mir nicht davonlaufen.

> Es war einmal ein Mann, den ängstigte der Anblick seines eigenen Schattens so sehr, dass er ihn hinter sich lassen wollte. Er lief und lief, lief so lange, bis er tot zu Boden sank. Wäre der Mann in den Schatten eines Baumes getreten, so wäre er seinen Schatten losgeworden. Aber darauf kam er nicht.
> *Aus Asien*

Oktober

OKTOBER
1

Jeden Morgen
greife ich den Faden
wieder auf.

Von Tag zu Tag
spinne ich weiter,
so gut ich kann.

Manchmal
verliere ich den Faden
und suche einen neuen.

Doch dann finde ich ihn
schön eingefädelt wieder –
meinen Lebensfaden.

> Denn du hast mein Inneres geschaffen,
> mich gewoben im Schoß meiner Mutter.
> Ps 139,13

OKTOBER

2

Manche falten die Hände
und beten zu Gott.

Andere drücken die Daumen
und sagen toi, toi, toi.

Manche bedanken sich
bei ihrem Schutzengel.

Andere glauben nur noch:
Schwein gehabt.

> „Mein Leben lang hatte ich das Gefühl,
> dass ein Engel mich begleitet.
> Nie habe ich mich allein gefühlt.
> Warum soll ich jetzt Angst haben?"
> Bernd, ein drogenabhängiger Aidskranker auf dem Sterbebett.

Schutzengelfest

OKTOBER
3

Der Monat Oktober malt
die Bäume reichlich bunt –
ein großartiges Gemälde.

Schau, wie das Herbstlicht
leicht durch die Blätter tanzt.
Herbstlaub. Farbenpracht.

Und auch die reifen Früchte
der Mutter Erde machen uns
dankbar in dieser Jahreszeit.

Wir danken auch für das,
was langsam in uns gereift ist
und Farbe bringt in unser Leben.

> Okto-ber ist der achte Monat im altrömi-schen Kalender. Im Oktober wird die Ernte eingefahren und Erntedank gefeiert.

OKTOBER

4

Schwester Sonne, Bruder Mond,
die goldenen Sterne am Himmel
unsere Schwestern in der Nacht.

Schwester Wasser, Bruder Feuer,
unsere geliebte Mutter Erde,
und nicht zuletzt Bruder Tod.

Bruder Franz predigt den Vögeln
und spricht natürlich sanft mit
seinen gefiederten Geschwistern.

Unsere Ansprache brauchen auch
Hund und Katz, Hinz und Kunz
und andere Schwestern und Brüder.

Franz von Assisi, Patron der Armen
und Vor-gänger von Papst Franziskus I.

Welttiertag

OKTOBER
5

Auch in aufgeklärten Zeiten
sind Engel immer noch sehr beliebt,
trotz aller Zweifel an ihrer Existenz.

Was sollen da auch Beweise?
Die himmlischen Boten weisen
gerade auf das Unbeweisbare hin.

Engel lassen uns tiefer schauen,
sie helfen uns einsehen,
dass es mehr gibt, als wir sehen.

Wenn die schöne Oberfläche,
die Scheinwelt, alles wäre,
wie arm wären wir.

Gut, dass es Engel gibt!

> Engel kann man nicht sehen,
> aber man kann ihnen begegnen.

OKTOBER

6

Astrologie, Esoterik,
Religion, Psychologie.

Steine, Kügelchen,
Wässerchen, Pillen.

Placebos betäuben
auch Zahnschmerzen.

Ohne Wirkstoff
wirken.

Der Glaube versetzt Berge,
wenn du nur glaubst.

> Man kann auch zum Kopf einer Sardine
> beten, wenn man fest daran glaubt.
> *Aus Japan*

OKTOBER
7

Menschen mit Charme haben
eine gewinnende Wesensart.
Einem Charmeur können wir
nur schwer Nein sagen.

Menschen mit Charisma haben
eine besondere Ausstrahlung.
Ihr Geheimnis ist so anziehend,
dass sie uns in den Bann ziehen.

Charismatiker brauchen nicht viel zu sagen,
die magische Kraft ihrer Worte wirkt Wunder:
Yes, we can!

OKTOBER

8

Der Dalai Lama predigt nicht.
Er hält auch keine große Reden.
Vielmehr lebt er, was er glaubt,
und lächelt nur. Von innen heraus.

Dieser gewaltlose Friedensbote
strahlt eine gewisse Zuversicht aus.
Lächelnd bringt der Erleuchtete
das Große Geheimnis zum Leuchten.

> Zen-Meister sterben mit einem Lächeln
> im Gesicht. Für sie ist der Tod keine un-
> durchdringliche Wand, sondern die Tür,
> die hinausführt ins gewisse Ungewisse.

OKTOBER
9

Warum?
Warum nicht?

Warum ich?
Warum nicht ich?

Warum jetzt?
Warum nicht jetzt?

Warum nicht
ich jetzt?

    Gut fragen
    ist viel wissen.

OKTOBER
10

Wenn ich sehe,
welch schweres Kreuz
Kranke mit sich schleppen,
vergesse ich mein Päckchen.

Wenn ich höre,
was Behinderte in ihrem Leben
alles zu verkraften haben,
vergesse ich meine Problemchen.

Wenn ich weiß,
welche Schmerzen andere
Tag für Tag aushalten müssen,
vergehen meine Wehwehchen.

> Ein Mensch beklagte sich über sein zu schweres Kreuz. Der Herrgott führte ihn in einen Raum, wo alle Kreuze der Menschen aufgestellt waren, und sagte zu ihm: Wähle! Der Mensch fing an zu suchen. Da sah er ein ganz dünnes Kreuz, das jedoch sehr lang war. Er sah ein ganz kleines in der Ecke liegen, aber als er es aufheben wollte, war es schwer wie Blei. Als er fast alle Kreuze durchgesehen hatte, entdeckte er ein richtig Handliches. Als er genau hinschaute, stellte er fest, dass es das Kreuz war, das er bisher getragen hatte.

OKTOBER
11

Die Hand,
die ich halte,
hält auch mich.

Die streichelnde Hand
sagt ohne Worte:
Du, ich bin bei dir.

Streicheln, geben, teilen,
schlagen, stehlen, schießen:
Du hast es in der Hand.

> Noch am Krankenbett verspricht sich manches Paar die Liebe fürs Leben in die Hand.
> Hand-greifliche Liebe übersteigt oft jedes Begreifen.

OKTOBER
12

Schon merkwürdig:
Wir tun alles Mögliche,
um das Leid zu vermeiden.

Und trotzdem möchten wir
die leidvollen Zeiten
im Leben nicht vermissen.

Offenbar hat das Schwere
uns weitergebracht
auf unserem Weg.

Durch das erlittene Leid
sind wir mitfühlender,
menschlicher geworden.

> Das Schwere und das Schöne
> sind nur scheinbare Gegensätze.
> Das Leben ist ganz schön schwer.

OKTOBER 13

Lesen lernen, leben lernen,
lieben lernen, leiden lernen.

Aus Fehlern lernen.
Aus Erfahrungen lernen.

Verstehen lernen, begreifen lernen:
Das Herz hat seinen eigenen Kopf.

Lächeln lernen,
wenns auch zum Heulen ist.

> Lächeln lernen: Übung macht den Meister. Ich nehme einen Bleistift zwischen den Zähnen und lächele mir spontan im Spiegel zu. Nicht länger als drei Minuten. Danach mache ich ein paar Grimassen. Dann ziehe ich eine freundliche Fratze, um die dreizehn Gesichtsmuskeln wieder ein wenig zu lockern. Dann wiederhole ich die Übung und wehe, wenn mein Gegenüber nicht zurücklächelt.

OKTOBER
14

Als Kinder fiel es uns schwer,
einen Luftballon loszulassen.

Was wir so fest in Händen halten,
müssen wir alles einmal loslassen.

Loslassen: die Lektion des Lebens.
Gelassen ist, wer gelassen hat.

Wir können nur einschlafen,
wenn wir unsere Sorgen loslassen.

Wir können nur sterben,
wenn wir loslassen, was wir lieben.

> Lernst sterben, sprach im Hospital
> ein Mönch zu einem frommen Greise.
> Was lernen?, rief der graue Weise,
> man kann es gleich beim ersten Mal.

OKTOBER
15

Kinder sind wie kleine Pflanzen.
Sie brauchen viel Licht und Wärme.

Viele aber wachsen im Schatten auf,
in der Dunkelkammer ihrer Angst.

Manches Pflänzchen wird entwurzelt
und irgendwo anders hin verpflanzt.

Nicht wenigen Sprösslingen werden
ihre jungen Triebe ausgetrieben.

Wie sollen sie zur Blüte kommen
und eines Tages gute Früchte tragen?!

> Aus dir wird nichts,
> sagte mir mein Vater.
> Aus dir wird nichts,
> sagte mir mein Lehrer.
> Manchmal wundere ich mich,
> was aus mir noch geworden ist.

OKTOBER
16

Höre auf deine Stimme –
sie stimmt und sagt dir,
was gut für dich ist.

Folge deiner Stimme –
sie führt dich bestimmt
zu deiner Bestimmung.

> Wir haben keine innere Stimmen mehr,
> wir wissen heute zuviel,
> der Verstand tyrannisiert unser Leben.
> *Robert Musil (1880–1942)*

OKTOBER 17

Die mächtige Eiche wuchs
aus einer kleinen Eichel,
ein Kerl von einem Baum
aus einem winzigen Samen.

Die schöne Sonnenblume
war einmal ein kleiner Kern
und der bunte Schmetterling
eine ach so hässliche Raupe.

> Verlache nie den kleinen Kern;
> er wird einmal ein großer Feigenbaum
> sein.
> *Aus Afrika*

OKTOBER

18

Das Alter
ist eine Zahl,
die zählt.

Aber jeder
zählt seine Zahl
anders.

Und alle sagen:
Man ist so alt,
wie man sich fühlt.

Lieber
siebzig Jahre jung
als vierzig alt.

> Jedes Zeitalter hat sein eigenes Alter.
> Als 1774 Immanuel Kant 50 Jahre wurde,
> lautete die Anrede beim Festakt: Sehr
> geehrter Greis!

OKTOBER
19

Du machst Pläne,
doch das Leben
macht nicht mit.

Du machst Erfahrungen,
doch es sind die Erfahrungen,
die dich machen.

Du kannst vieles machen,
doch du bist nicht
der Macher deines Lebens.

> Du machst dir Gedanken,
> doch eine Idee fällt dir ein.
> Keine Idee woher.

OKTOBER
20

Wovon wir in Wahrheit leben
wächst uns zu
wie der Wein.

Die Trauben, die Fäulnis, die Sonne,
der Regen, der Tau vieler Nächte,
der Boden, der Schweiß des Winzers
werden zu einen edlen Tropfen.

Verwandlung
geschieht von innen her
beim Wein wie beim Menschen

> Die Liebe verwandelt uns wie die Reben,
> durch die der Saft aus dem Wurzelstock
> hindurchfließt.
>
> Ich bin der Weinstock, ihr seid die Reben.
> *Joh 15,5*

OKTOBER
21

Ein wortloser Blick
kann uns ergreifen,
tief erschüttern.

Ein Anblick genügt,
um das Lügengebäude
zum Einsturz zu bringen.

Ein Augenblick
kann unser Leben
für immer verändern.

Ein einziger Augen-blick.

> „Blick in die Augen eines liebenden
> Menschen
> und du weißt, dass es etwas gibt,
> was wir Himmel nennen!"
> *Mein Freund Gerd Damhorst auf seiner vorbereiteten Todesanzeige*

OKTOBER
22

Blumen und Pflanzen sind
ein Sinnbild für unser Leben.

Die meisten kommen
in ihrer Jugend zur Blüte.

Eine wahre Freude zu sehen,
wie manche wachsen.

Viele blühen schnell auf
und sind gleich verblüht.

Nicht wenige gehen erst
mitten im Leben richtig auf.

Sie blühen auch im Alter noch,
wenn andere längst verwelkt sind.

> „Selbstverständlich fahre ich fort, zu spielen und zu üben. Auch wenn ich nochmals hundert Jahre leben sollte, würde ich das tun. Ich würde meinen alten Freund nicht im Stich lassen: das Cello."
> *Der berühmte spanische Cellist Pablo Casals mit 93 Jahren.*

OKTOBER
23

Im Falle meines Ablebens.
Ich wäre der erste Fall,
bei dem der Fall nicht eintritt.

Wenn ich einmal sterben sollte.
Die Wahrscheinlichkeit ist hoch,
bei hundert Prozent Todesrate.

Selbst beim Testament
möchten wir uns noch
ein Hintertürchen offen lassen.

Doch Freund Hein
kommt meist auf leisen Sohlen
durch die Hintertür.

Sei vorbereitet,
für den Fall des Falles.

> Mitten im Leben. – Plötzlich und unerwartet.
> Und wir glaubten, wir haben noch so viel Zeit.

OKTOBER
24

Wir beschuldigen andere,
um uns freizusprechen.

Wir zeigen auf andere,
um von uns abzulenken.

Wir werten andere ab,
um uns aufzuwerten.

Wir lästern über andere,
um uns zu entlasten.

Ohne zu wissen,
welche Last sie tragen.

> Du weißt nicht,
> wie schwer die Last ist,
> die du nicht trägst.
> *Aus Afrika*

OKTOBER
25

Die Wirtschaft schafft
unzählige Unworte.
Null-Wachstum.

Das ist wie ein Kind,
das gewachsen ist,
aber nicht größer geworden.

Minus-Wachstum.
Das ist wie ein Baum,
der unter dem Boden wächst.

Unworte belegen das Unding,
dass die Wirtschaft immer
weiterwachsen muss.

> Das Unwort des 20. Jahrhunderts: Menschenmaterial. Der Mensch ist zum Ding geworden. Er hat eine Funktion zu erfüllen, als Arbeitskraft, Konsument, Kunde. Der Mensch wird immer mehr zu einem ökonomischen Faktor degradiert. Humankapital.

OKTOBER 26

Wer selbst gelitten hat,
kann mit anderen mitleiden.

Wer selbst schon in Not war,
weiß, was Notleidende brauchen.

Wer selbst schon im Loch saß,
kann andere aufrichten.

Wer selbst schon am Rande lag,
geht an keinem vorüber.

> Wer nie gelitten hat,
> weiß auch nicht,
> wie man tröstet.
> *Dag Hammarskjöld (1905–1961)*

OKTOBER
27

Wir möchten
Trauernde trösten,
sie mit unseren Worten
über ihren Schmerz
hinwegtrösten.

Teilen wir ihre Trauer,
weinen wir mit ihnen
statt Worte zu machen.
Trauernde brauchen
den Trost der Tränen.

Mitfühlen, mitleiden, mitweinen.
Da zeigt sich der wahre Mitmensch.

OKTOBER

28

Durch unsere Tränen
weinen wir das Bittere heraus.
Dadurch löst sich der Schmerz.

Unsere Tränen waschen
die inneren Wunden aus,
bringen Licht in unsere Seele.

Tränen klären den getrübten Blick.
Augen, die geweint haben,
sehen klarer.

> In den Tränen ist eine ähnliche Flüssigkeit wie im Magensaft. Wenn wir nicht mehr weinen (können), laufen wir Gefahr, krank zu werden. Tumore sind die Nicht-geweinten Tränen, sagen uns Heilpraktiker. Wenn keine Tränen fließen, setzt sich der Schmerz in uns fest. Durch das Weinen kommt Trost in unser Inneres – der Trost der Tränen ...

OKTOBER 29

Manche haben
keinen Platz an der Sonne
und doch bekommen sie
die nötige Wärme.

Andere werden
von der Sonne verwöhnt,
aber beim ersten Frost
gehen sie ein.

Und sind wir auch
etwas schief gewachsen,
können wir doch dem Leben
recht gut gewachsen sein.

> Ein zartes Pflänzchen
> bereitet meist mehr Freude
> als eine Zierpflanze.

OKTOBER 30

Keine reiche Ernte,
keine schönen Früchte,
keine vollen Scheunen.

Aber das Körnchen Liebe,
das Gott in dir angelegt hat,
ist dennoch aufgegangen.

Und nur das zählt.

> Das einzig Wichtige im Leben
> sind die Spuren der Liebe,
> die wir hinterlassen,
> wenn wir gehen.
> *Albert Schweitzer (1875–1965)*

OKTOBER 31

Hier stehe ich …
Von Martin Luther
lerne ich stehen.

Ich möchte auch
hinstehen können,
stets standhaft bleiben.

Ich möchte gerade
vor Gott stehen,
ihm alles gestehen.

Ich möchte aufrecht
stehend sterben –
wie ein Baum.

> Hier stehe ich. Ich kann nicht anders.
> *Martin Luther, als er 1517 angeblich die 95 Thesen an der Schlosskirche in Wittenberg anschlug.*
>
> Hier stehe ich. Ich kann auch anders.
> *Johannes XXIII. bei der Papstwahl*

November

NOVEMBER
1

Manche Menschen wissen nicht,
wie schön es ist, dass sie da sind.

Manche Menschen wissen nicht,
wie gut es tut, sie nur zu sehen.

Manche Menschen wissen nicht,
wie tröstlich ihr gütiges Lächeln
wirkt.

Manche Menschen wissen nicht,
wie wohltuend ihre Nähe ist.

Manche Menschen wissen nicht,
wieviel ärmer wir ohne sie wären.

Manche Menschen wissen nicht,
dass sie ein Stückchen Himmel sind.

Sie wüssten es,
würden wir es ihnen sagen.

> Allerheiligen ist der Tag aller Heiligen
> ohne Heiligenschein.
> Das sind auch heute noch viel mehr, als
> es scheint.

NOVEMBER
2

Ein Gang über den Friedhof
verbindet uns noch Lebende
mit den schon Verstorbenen.

Sie sind von uns gegangen,
gehen uns aber noch nach,
unsere Vor-gänger.

Sie haben schon hinter sich,
was wir noch vor uns haben,
wir Nach-kommen.

Ein Gang über den Friedhof
verbindet uns miteinander,
uns Vorübergehende.

> An Allerheiligennachmittag und Allerseelen wird auf dem Friedhof der Verstorbenen gedacht. Die brennenden Kerzen auf den Gräbern sind ein Symbol für das ewige Licht.
> Totengedenken, Nebel, Laub. Der November geht aufs Gemüt.

NOVEMBER
3

So viele Menschen
haben sie schon lange
nicht mehr besucht.

So viele warme Worte
wurden ihr im Leben
wohl noch nie gesagt.

So viele Blumen
hätten ihr zu Lebzeiten
gewiss auch gefallen.

> Auf den Gräbern wachsen die schönsten Rosen.
> *Aus Deutschland*

NOVEMBER

4

Wir greifen nach den Sternen
und sind nur Staub und Asche.
Wir wollen ewig jung bleiben
und versuchen zu vertuschen,
wie wir verfallen und verfaulen.

Erst wenn einer von uns stirbt
und wir vor seiner toten Hülle
oder seinen Überresten stehen,
erkennen wir, was wirklich ist:
Asche zu Asche, Staub zu Staub.

> Warum überhebt sich der Mensch aus
> Staub und Asche,
> dessen Leib schon zu Lebzeiten verwest?
> *Sir 10,9*

NOVEMBER
5

Viele sind schon tot,
lange, bevor sie sterben.

Manche leben immer noch,
lange, nachdem sie tot sind.

Andere haben den Tod hinter sich
und leben lächelnd weiter.

> Wir sind vom Tod zum Leben hinüber-
> gegangen,
> weil wir die Brüder und Schwestern
> lieben.
> *Nach 1 Joh 3,14*

NOVEMBER

6

Die Toten
sind nicht tot.

Sie sind überall dort,
wo wir sind.

Die Liebe
ist nicht tot.

Oft ist sie lebendiger
als zu Lebzeiten.

> … Bis dass der Tod euch scheidet.
> Dieser Spruch ist eigentlich nicht richtig.
> Denn die Liebe geht weiter, weit über
> den Tod hinaus.

NOVEMBER
7

Eines Tages
stellen wir uns die Frage
nach dem Sinn des Lebens.

Eines Tages
stellt das Leben uns
die Frage.

Eines Tages
stellt das Leben uns
in Frage.

Wer sind wir?
Was machen wir
auf dieser Welt?

> Wenn auch nur ein Einziger an meinem
> Grab steht und weint,
> hat mein Leben schon einen Sinn gehabt.
> *Manfred, drogenabhängig, aidskrank*

NOVEMBER 8

Nach ihrem Herzinfarkt
fangen manche an,
erst richtig zu leben.

Nach ihrer Erkrankung
stehen manche auf
in ein zweites Leben.

Nach dem Suizidversuch
entdecken manche erst
das Wunder des Lebens.

Nach dem Tod des Partners
beginnt so manches Leben
noch einmal von vorn.

> Immer, wenn du glaubst,
> es geht nicht mehr,
> kommt von irgendwo
> ein Lichtlein her.

NOVEMBER
9

Vor der Sorge
schon vorsorgen.

Altersvorsorge,
Krebsvorsorge.

Nach der Sorge
noch nachsorgen.

Am Ende
endlich ent-sorgt.

> Guten Morgen, liebe Sorgen, seid ihr
> auch schon alle da?
> Habt ihr auch so gut geschlafen, na,
> dann ist ja alles klar!

NOVEMBER
10

Das Schicksal
mischt die Karten.

Der Zufall
teilt sie aus.

Glück
ist wieder Trumpf.

Mein Blatt
könnte besser sein.

Wenn ich nur wüsste,
was der Herr drüben hat.

Aber der lässt sich nicht
in die Karten schauen.

Dabei spiele ich so gerne
mit offenen Karten.

> Wir können die Karten, die uns gegeben
> werden, nicht tauschen;
> wir müssen entscheiden, wie wir sie
> ausspielen.

NOVEMBER
11

Eine kleine Spende,
eine milde Gabe.

Zur Not auch
die Hälfte geben.

Wie Sankt Martin
seinen Mantel teilen.

Halbe halbe macht
Nächstenliebe ganz.

> Wenn ein Bruder oder eine Schwester
> ohne Kleidung ist und ohne das tägliche
> Brot und einer von euch zu ihnen sagt:
> Geht in Frieden, wärmt und sättigt
> euch!, ihr gebt ihnen aber nicht, was sie
> zum Leben brauchen – was nützt das?
> *Jak 2,15f.*

NOVEMBER
12

Ich kann dein Schicksal
nicht auf mich nehmen.

Ich kann dir dein Kreuz
nicht abnehmen.

Doch ich kann deine Last
mit dir zusammen tragen –
und es dir leichter machen.

> Geteiltes Leid ist
> halbes Leid.

NOVEMBER
13

Manchmal sieht
kein anderer die Not.
Du bist gefragt.

Manchmal hört
kein anderer den Hilferuf.
Du bist gemeint.

Manchmal ist
kein anderer in der Nähe.
Du bist der Nächste.

Der Nächstbeste.

> Worauf wartest du?, fragt der Vorüber-
> gehende den Mann am Straßenrand.
> Auf dich!, antwortete er.

NOVEMBER 14

Du bist am Boden –
ich stehe dir bei.
Du richtest mich auf.

Du weinst bitterlich –
ich trockne deine Tränen.
Du tröstest mich.

Du leidest Schmerzen –
ich halte deine Hand.
Du hältst mich.

Du gehst deine letzte Strecke –
ich begleite dich.
Du leitest mich dorthin,
wohin auch mein Weg führt.

> Die Menschen, denen wir eine Stütze sind,
> die geben uns Halt.
> *Marie von Ebner-Eschenbach (1830–1916)*

NOVEMBER
15

Was wird nach dem Tod?
Sein oder Nicht-sein?

Ewig, ewig, ewig leben.
Nie, nie, nie ein Ende?!

Immer und ewig ich sein,
möchte ich das wirklich?

Gott in Ewigkeit anschauen,
da kommt doch Langeweile auf?

Trauen wir uns zu fragen,
in den offenen Himmel hinein.

> Warum er bete, will der junge Elie Wiesel
> vom frommen Küster Mosche wissen.
> Antwort: „Ich bitte Gott, dass er mir die
> Kraft gibt, ihm wahre Fragen zu stellen."

NOVEMBER 16

Und was sagst du,
wenn die gläubige Hoffnung
auf ein Leben nach dem Tod
nur ein frommer Wunsch ist?

Dann würde ich dennoch
an dieser Hoffnung festhalten,
weil sie mir Halt im Leben gibt
und mir hilft, gut zu sterben.

> Manche Gläubige sind auch im Angesicht des Todes von einem tiefen Gottvertrauen getragen. Ganz gelassen gehen sie „hinüber" und singen noch auf dem Sterbebett.
> So weit möchte ich, Kleingläubiger, auch noch kommen.

NOVEMBER
17

Wie viele treusorgende Väter,
immer hilfsbereite Kollegen
und herzensgute Menschen
haben uns schon verlassen.

Wenn der Herrgott immer
nur die Besten zu sich ruft,
wen wunderts da noch,
dass die Welt so schlecht ist!?

Er war zu gut für diese Welt.
Todesanzeige

NOVEMBER
18

Auch als Gläubige trauern wir,
trauern dem Geliebten nach.
Er hat eine Lücke hinterlassen,
die niemand schließen kann.

Aber durch das Dunkel der Trauer
schimmert die Hoffnung durch,
dass der Verstorbene nun bei Gott ist
und wir uns eines Tages wiedersehen.

> Mit dieser Anzeige möchte ich mich von euch verabschieden.
> Ich habe nun mein Ziel erreicht und bin nun bei Gott.
> Ich hoffe, dass ich im Himmel noch etwas für euch tun kann.
> *Elisabeth*

NOVEMBER
19

Es ist eine gute Gabe,
für Menschen in Not
etwas übrig zu haben.

Elisabeth von Thüringen
gab sich den Bedürftigen
mit vollem Herzen hin.

Hingabe an die Armen
bewirkt wahre Wunder –
Brote werden zu Rosen.

Und umgekehrt:
Eine Rose zu Brot.

> Statt Geld gab Rainer Maria Rilke einer Bettlerin eine eben aufgeblühte Rose. Seitdem war sie eine Woche lang auf dem Platz nicht mehr zu sehen. Nach acht Tagen saß wie wieder wie zuvor an der gewohnten Stelle. „Aber wovon hat sie denn all die Tage gelebt?", fragte Rilkes Begleiterin. Seine Antwort: „Von der Rose."

NOVEMBER
20

Vom Wort zur Tat
ist ein weiter Weg.

Bei Hindernissen
bleiben wir hängen.

Über Liebe reden
ist leicht getan.

Liebevolle Worte
lindern kein Leid.

Lieben ist tun.
In der Tat.

> Gott ist Liebe –
> ein Tätigkeitswort.

NOVEMBER
21

Achtzig Jahre ist heute nicht alt.
Viele werden tum einiges älter als 90.
Nicht unbedingt ein Vergnügen.
Ein Besuch im Altenheim genügt.

Geruch, Demenz, Dahinsiechen.
Trotzdem wollen alle älter werden.
und so alt sein wie die Ewig Jungen
im Werbe-Fernsehen.

    Anti-Aging. Wann immer du willst.
    Ein Indianer kennt keinen Schmerz.
    Nachts nicht mehr müssen müssen.

NOVEMBER

22

Nicht mehr selbst können,
gefüttert, gebadet werden,
seinen Po abputzen lassen
von Fremden.

Fragen, bitten, betteln,
die Hand ausstrecken,
rufen, schreien, klingeln,
warten bis Hilfe kommt.

Alt sein.
Nichts für Feiglinge.

> 80- bis 85-jährige Männer begehen bei uns
> viermal so oft Suizid wie 20- bis 25-Jährige.

NOVEMBER
23

Wir reden vom Tod
wie vom größten Feind,
bekämpfen den Todfeind
bis zum letzten Atemzug.

Reden wir freundlicher
vom Schlafes-Bruder.
Der Dieb in der Nacht
ist besser als sein Ruf.

Freunden wir uns
mit Freund Hein an,
schließen wir Frieden
mit unserem Todfeind.

> Der Tod kann auch freundlich kommen.
> Zu Menschen, die alt sind,
> deren Hand nicht mehr festhalten will,
> deren Augen müde werden,
> deren Stimme nur noch sagt:
> Es ist genug. Das Leben war schön.

NOVEMBER
24

Der Tod erlöst
die Sterbenden
von ihrem Leiden.

Der Tod erlöst
die Angehörigen
von ihrer Ohnmacht.

Der Tod erlöst
die Helfenden
von ihrer Hilflosigkeit.

Die Er-lösung
ist oft die beste Lösung
für alle.

> Als Gott sah, dass der Weg zu lang,
> der Berg zu steil, das Atmen zu schwer
> wurde, legte er seinen Arm um dich
> und sprach: „Komm, wir gehen heim!"

NOVEMBER
25

Wir denken.
Es trifft die anderen.
Die anderen
denken das auch.
Das ist unser aller
Denkfehler.

Ein Martinshorn.
Wir erschrecken.
Wir denken:
Es trifft die anderen.
Plötzlich
sind wir die anderen.

> Krankenhäuser, Pflegeheime, Hospize,
> Friedhöfe sind nicht nur für andere da.

NOVEMBER 26

Die meisten Menschen möchten
ihren Lieben nicht auch noch
nach dem Tod zur Last fallen.

Immer mehr Frauen und Männer
verzichten auf ein eigenes Grab.
Sie werden anonym beigesetzt.

Viele ruhen unter einem Baum.
Im Friedwald übernimmt Mutter
Natur natürlich die Grabpflege.

Zurück zu den Wurzeln.

> Wald, Nordsee, Friedhof ... Du hast die
> Qual der Wahl, wenn du über die Grenze
> gehst.
> Almwiese, Bergbach, Gipfel. Oder du
> lässt aus deiner Asche einen Diamanten
> pressen. Dann hat deine Liebste dich immer
> noch am Hals. Oder sie dreht dich
> noch immer um den Finger.

NOVEMBER
27

Viele Angehörige
halten den Sterbenden fest,
klammern sich an ihm fest.

Ein Mensch kann nur gehen,
in die andere Welt hinübergehen,
wenn seine Lieben ihn gehen lassen.

Lassen wir die geliebte Hand los,
halten wir sie nicht länger fest –
ein letzter Liebesdienst.

Wahre Liebe gibt frei.

> Zur Liebe gehört, dass wir den geliebten
> Menschen gehen lassen –
> und wir ihm mit unseren Gefühlen
> nicht im Weg stehen.

NOVEMBER 28

Wer den Freitod wählt,
will oft noch nicht sterben,
kann aber so nicht mehr leben.

Wer sich das Leben nimmt,
hat im letzten Augenblick nur
die tief ersehnte Erlösung im Blick.

Wer Hand an sich legt,
kann auch nicht tiefer fallen
als in die Hände Gottes.

> Ein Suizid geschieht meistens nicht so frei, wie uns das Wort Frei-tod weismachen will.
> Von „Selbst-mord" kann auch keine Rede sein. Ein Mord geschieht aus Habgier, Heimtücke oder aus einem sonstigen niederen Motiv. Verzweiflung ist kein „böser" Beweggrund., sondern das tiefste Gefühl eines Menschen, der wirklich am Ende ist.

NOVEMBER 29

Wir messen der Länge
eines Lebens zu viel Wert bei.

Als ob ein langes Leben
schon ein gutes Leben wäre.

Was das Leben an Länge gewinnt,
verliert es vielfach an Tiefe.

Manche haben mit 48 Jahren
mehr gelebt als andere mit 84.

Nicht die Lebensjahre zählen,
sondern das Leben in den Jahren.

> Er hat sein kurzes Leben
> voll und ganz gelebt.
> *Todesanzeige*

NOVEMBER
30

Auch wenn wir
nicht mehr an Gott glauben,
glaubt er immer noch an uns.

Auch wenn wir
uns von Gott abwenden,
bleibt er uns zugewandt.

Auch wenn wir
uns von Gott trennen,
trägt er uns weiter,
treu, wie er ist.

> Er beschirmt dich mit seinen Flügeln,
> unter seinen Schwingen findest du Zuflucht,
> Schild und Schutz ist dir seine Treue.
> *Ps 91,4*

Dezember

DEZEMBER 1

Advent fängt mit A an,
A wie Ankunft, Adventus.

Anfangen, bei mir anfangen.
Dienen, andere bedienen.
Vertrauen, ihm alles zutrauen.
Erwarten, auf sein Kommen warten.
Nachfolgen, Jesus nachgehen.
Tragen, das Leid mittragen.

Advent endet mit T,
T wie Tun. In der Tat.

> Du kannst heute
> *die* besuchen,
> *den* einladen …
> Der. Die. Du.
> Wer? Wenn nicht du?
> Wann? Wenn nicht jetzt?

DEZEMBER
2

Im Kerzenschein
kann ich so sein wie ich bin –
mit meinem Schatten.

Meine dunklen Ecken
leuchtet die Kerze nicht aus.
Es ist ein mildes Licht.

Für meine Kerze brauche ich
nicht der größte zu sein,
ist sie doch selbst auch
nur ein kleines Licht.

> Zünde – wie es früher üblich war –
> jeden Tag im Advent eine Kerze an.
> Dann siehst du dich in einem anderen
> Licht.
> Und deiner Kerze kannst du alles sagen.

DEZEMBER 3

Wir hoffen, hüpfen
über Hindernisse hinweg
und fallen wir auch mal hin,
richtet uns die Hoffnung auf.

Wir werden das schon schaffen.
Es kann nur noch besser werden.
Wir leben von der Hoffnung,
am Ende wird alles gut.

> Am Ende wird allet jut
> und wennet noch nich jut is,
> dann isset noch nich dit Ende.
> *Berliner Sprichwort*

DEZEMBER 4

Um in schweren Zeiten
wieder Mut zu fassen,
genügt eine gute Nachricht,
ein liebes Wort.

Um die trüben Gedanken
aus der Seele zu vertreiben,
genügt ein kleiner Funke,
ein Hoffnungsschimmer.

Wenig ist oft schon genug.

> Am Barbaratag ist es Brauch, einen winterharten Kirsch- oder Forsythienzweig abzuschneiden und über Nacht in lauwarmes Wasser zu legen. Andertags in Wasser
> gestellt, wird er dann um Weihnachten aufblühen. So kann man mitten im kalten Winter auf einen grünen Zweig kommen.

DEZEMBER
5

Manch ein Mensch ist für mich
wie ein Stern am Himmel.
Er hilft mir den Weg zu finden
durch die dunkle Nacht.

Und mag sein Lebenslicht
auch längst schon erloschen sein,
leuchtet sein Stern noch immer
am Firmament meiner Seele.

> Ich würde jahrtausendlang die Sterne durchwandern,
> in allen Formen mich kleiden, in allen Sprachen des Lebens,
> um Dir einmal wieder zu begegnen.
> Aber ich denke, was sich gleich ist, findet sich bald.
> *Friedrich Hölderlin (1770–1843)*

DEZEMBER 6

Unsere Kinder
haben schon alles,
aber wir können
ihnen etwas schenken,
was ihnen fehlt –
unsere Zeit.

Je mehr wir geben,
desto mehr bekommen wir
zurück.

> Der heilige Nikolaus weckt das Gute im Menschen. Er ist der Patron der Advokaten, Bierbrauer, Gefangenen, Jungfrauen, Notare, Parfümeriehändler, Richter, Wirte, Weinhändler und von all den anderen, die gerne so gut sein möchten wie der große Kinderfeund.

DEZEMBER 7

Volle Teller,
volle Kühlschränke,
volle Gefriertruhen.

Und trotzdem bleibt noch
immer eine innere Leere,
die uns weiter hungern lässt.

Wir leben nicht nur vom Brot,
wir brauchen auch Nahrung,
die unsere Sehnsucht stillt.

Wir sterben am Brot allein,
wenn wir sonst nichts haben,
was unsere Seele ernährt.

> Der Mensch lebt nicht nur von Brot,
> sondern von jedem Wort, das aus Gottes
> Mund kommt.
> Mt 4,4

DEZEMBER

8

Jedes Neugeborene
bringt eine Botschaft
aus dem Himmel mit.

Jedes Kind möchte
seinen Eltern etwas
von Gott sagen.

Merken wir,
was unser Bote
uns zu melden hat?

Wir lernen mehr
von unseren Kindern
als von unseren Eltern.

> Lass die Engel bei uns wachen,
> dass wir wie die Kinder lachen,
> dass wir wie die Kinder weinen,
> lass uns alles sein, nichts scheinen.
> *Clemens Brentano (1778–1842)*

DEZEMBER 9

Wenn du betest,
wird deine Not nicht kleiner,
doch dein Herz weiter.

Wenn du betest,
wird dein Kreuz nicht leichter,
doch deine Schultern breiter.

Wenn du betest,
wächst dir die Kraft zu,
das Unerträgliche zu verkraften.

> Herr, ich bitte dich um die nötige Kraft,
> das zu tragen, was ich nicht mehr er-
> trage.

DEZEMBER 10

Sie stehen tagsüber am Himmel,
doch erst in der Nacht sehen wir
die kleinen Lichter leuchten.

Sie sind unendlich weit weg
und trotzdem scheinen sie uns
manchmal so nahe.

Die Sterne sind kleine Fenster,
durch die wir ein ganz klein wenig
von der unsichtbaren Welt sehen.

> Wenn du bei Nacht den Himmel anschaust, wird es dir sein, als lachten alle Sterne, weil ich auf einem von ihnen wohne, weil ich auf einem von ihnen lache!
> Und wenn du dich getröstet hast, wirst du froh sein, mich gekannt zu haben.
> *Antoine de Saint-Exupéry (1900–1944)*

DEZEMBER
11

Heute gebe ich anderen,
was mich selbst erfreut:
ein Lob.

Heute tue ich anderen,
was mir selbst guttut:
einen Gefallen.

Heute sage ich anderen,
was ich selbst so gerne höre:
Gut, dass es dich gibt!

> Alles, was ihr also von anderen erwartet,
> das tut auch ihnen!
> *Mt 7,12*

DEZEMBER
12

Das Fest des Lichtes
wirft seinen Schatten voraus.
In den Kliniken und Anstalten,
in den Heimen und Gefängnissen
werden die Mienen finsterer,
die Nächte noch dunkler.

So viele warten
auf einen kleinen Lichtblick,
auf einen Besuch oder ein Paket,
auf einen Brief oder eine Karte,
auf ein kleines Zeichen,
dass sie nicht vergessen sind.

> Ein Gefangener erzählt mir strahlend,
> dass ein Kumpel ihm eine Karte ge-
> schrieben hat. „Nur ein paar Worte.
> Was soll man
> einem im Gefängnis von draußen auch
> schon schreiben? Trotzdem habe ich
> mich riesig über die Karte gefreut. Sie
> zeigt, dass da einer an mich denkt und
> ich noch nicht abgeschrieben bin."

DEZEMBER
13

Mensch, du brauchst dein Licht
nicht unter den Scheffel zu stellen.
Und bist du auch kein Leuchtturm,
so doch für manche ein Lichtblick.

Mensch, du brauchst keine Lucia sein
mit brennenden Kerzen auf dem Kopf.
Doch auch du kannst dein Licht
in deinem Leben aufleuchten lassen.

> Man zündet auch nicht ein Licht an und
> stülpt ein Gefäß darüber,
> sondern man stellt es auf den Leuchter;
> dann leuchtet es allen im Haus.
> *Mt 5,15*

DEZEMBER
14

Tannenbaum, Krippe, Engeln
schon im Oktober im Schaufenster,
stimmungsvolle Weihnachtsmusik
zur Unzeit. Alles nur Kommerz?

Oder steckt hinter dem Rummel
nicht doch auch die Ahnung,
wie es in der Welt sein könnte,
Friede auf Erden …?!

Wieviel ärmer wären wir,
wenn wir die tiefe Sehnsucht
nicht mehr im Herzen trügen:
Alle Menschen werden Brüder.

Wie im Himmel so auf Erden.

> Dann wohnt der Wolf beim Lamm, der Panther liegt beim Böcklein. Kalb und Löwe weiden zusammen, ein kleiner Knabe kann sie hüten. Kuh und Bärin freunden sich an, ihre Jungen liegen beieinander. Der Löwe frisst Stroh wie das Rind. Der Säugling spielt vor dem Schlupfloch der Natter, das Kind streckt seine Hand in die Höhle der Schlange. Man tut nichts Böses mehr …
> Jes 11,6-9

DEZEMBER
15

Ich wusste nicht mehr weiter,
fühlte mich völlig verloren,
da hat der Himmel mir
einen Engel geschickt.

Ich war in größter Gefahr,
doch mir ist nichts geschehen,
als ob eine unsichtbare Hand
mich beschützt hat.

Das war ganz knapp.
Fast wäre ich abgestürzt.
Gerade noch davongekommen.
Auf wundersame Weise gerettet.

Man muss nicht gläubig sein,
um an Schutzengel zu glauben.

> Die Schutzengel unseres Lebens fliegen
> manchmal so hoch,
> dass wir sie nicht sehen können,
> doch sie verlieren uns niemals aus den
> Augen.
> Jean Paul (1763–1825)

DEZEMBER
16

Eine kleine Spende,
eine milde Gabe,
ein bisschen Mitleid,
ein wenig Nächstenliebe.

Das Bisschen ist so viel,
dass einigen damit geholfen ist
und unser schlechtes Gewissen
ein wenig weniger gebissen wird.

Gutes tun ist eine Wohltat.
Indem wir anderen helfen,
helfen wir uns selbst.
Gutes tun, tut jedem gut.

> Mein Gewissen beißt mich nicht.
> *Hiob 27,6*

DEZEMBER 17

Mensch, wach auf,
siehst du denn nicht,
was das Leben dir gibt?

Mensch, wach auf,
hörst du denn nicht,
wie der Tag dich ruft?

Mensch, wach auf,
merkst du denn nicht,
was dich heute erwartet?

Wachet auf,
ruft uns die Stimme,
die auch auf dich wartet.

> Niemand besitzt Gott so, dass er nicht mehr auf ihn warten müsste, und niemand kann auf Gott warten, der nicht wüsste, dass Gott schon längst auf ihn gewartet hat.
> *Dietrich Bonhoeffer (1906–1945)*

DEZEMBER
18

Engel sind an keinen Ort gebunden.
Sie sind überall dort zuhause,
wo Himmel und Erde sich berühren.

Engel sind an keine Kirche gebunden.
Sie sind überall dort am Werk,
wo Menschen Wunden verbinden.

Engel sind an nichts gebunden.
Sie sind frei wie ein Vogel
und hinterlassen eine Feder dort,
wo sie überall waren.

Die Englische Visitenkarte.

> Einen Engel erkennt man erst,
> wenn er vorübergegangen ist.
> *Aus Israel*

DEZEMBER 19

Lieber dich verschenken
als andere auszunehmen.

Lieber Leid lindern
als die böse Welt anklagen.

Lieber ein Licht anzünden
als die Dunkelheit beklagen.

„Du verlierst nichts,
wenn du mit deiner Kerze
die eines andern anzündest."
Dänisches Sprichwort

DEZEMBER
20

Ein gutes Hirn
hat Herz.

Ein gutes Herz
hat Hände.

Ein gütiger Mensch
hat hundert helfende Hände
und keinen einzigen Zeigefinger.

> Gutes tun, geben, schenken, teilen,
> spenden, unterstützen, Tränen abwischen,
> helfen, handeln – mit unseren Händen.

DEZEMBER
21

Am heutigen Festtag
des Ungläubigen Thomas
ist die Nacht am längsten:
16 Stunden und 37 Minuten.

Aus dem Dunkel
geht das Licht hervor.
Die Mitte der Nacht ist
der Anfang eines neuen Tages.

Inmitten der Not
kommt aus Tränen Trost,
um Mitternacht erscheint
das Licht in der Finsternis.

> Die Nacht ist vorgedrungen, der Tag ist nicht mehr fern. So sei nun Lob gesungen dem hellen Morgenstern. Auch wer zur Nacht geweinet, der stimme froh mit ein. Der Morgenstern bescheinet auch deine Angst und Pein.
> Noch manche Nacht wird fallen auf Menschenleid und Schuld. Doch wandert nun mit allen der Stern der Gotteshuld. Beglänzt von seinem Lichte, hält euch kein Dunkel mehr, von Gottes Angesichte kam euch die Rettung her.
> *Gotteslob Nr. 220*
> *Evang. Gesangbuch Nr. 16*

DEZEMBER
22

Der Advent lädt uns ein,
bei uns selber einzukehren.
Doch vor Weihnachten
kommen wir nur selten zu uns.
Wir sind überall und nirgends,
wir hasten und hetzen, laufen
und rennen, machen und tun.
Und dies noch erledigen
und das noch. Und dort noch hin.
Und das dürfen wir nicht vergessen.
Und dann noch die Weihnachtspost.
Und die Geschenke. Und und und.
Und in der Eile merken wir nicht,
wie die gute Zeit an uns vorübergeht.

> Der wichtigste Augenblick in deinem Leben
> ist eben der jetzt.
> *Meister Eckhardt (1260–1327)*

DEZEMBER
23

Ich brauche dich.
Gut, dass es dich gibt.
Wie schön, dass du da bist.
Das sagen wir nur selten,
verpacken es in ein Geschenk.

Und wir freuen uns,
wenn andere uns zeigen,
dass sie uns mögen,
so wie wir sind –
ohne Verpackung.

> Wann habe ich das letzte Mal gesagt,
> was ich selbst nicht oft genug hören
> kann?
> Ich mag dich.

DEZEMBER 24

Holder Knabe
im lockigen Haar.

Ein Bild
von einem Kind.

Ein echter Jude,
richtig beschnitten.

Das Bild
hängt schief.

Unehelich geboren
in einem Stall.

Das Bild
fällt aus dem Rahmen.

> Friede, Freude, Liebe, Zauber:
> Heiligabend wie im Bilderbuch.
> Ablehnung, Tränen, Schmerzen:
> Heiligabend wie im Bibelbuch.

DEZEMBER 25

Der Unsichtbare
bekommt ein Gesicht,
ein menschliches.

Der Unfassbare
hat Hände und Füße -
zum Anfassen.

Der Unnennbare
bekommt einen Namen:
Jesus von Nazaret.

Der Unerreichbare
berührt uns
im Kind in der Krippe.

> Als aber die Güte und Menschenliebe Gottes,
> unseres Retters, erschien, hat er uns gerettet.
> *Tit 3,4f.*

DEZEMBER
26

Ich suche dich
hoch oben im Himmel,
und finde dich unten,
tief heruntergekommen.

Ich suche dich
in der schönen Kirche,
und ich finde dich
auf offener Straße.

Ich suche dich
hinter allen Dingen,
und du findest mich
hinten um die Ecke.

> Halt ein! Wo läufst du hin?
> Der Himmel ist in dir.
> Suchst du Gott anderswo,
> du fehlst ihn für und für.
> *Angelus Silesius (1624–1677)*

DEZEMBER 27

Lebe so,
als hättest du
nur noch diesen Tag.

Lebe so,
als hättest du
noch hundert Jahre.

So lebst du
jeden Tag richtig
gelassen.

> Wie du beim Sterben gelebt zu haben wünschest,
> so solltest du schon jetzt leben.
> *Mark Aurel (121–180 n. Chr.)*

DEZEMBER
28

Zwischen den Jahren
ziehe ich Bilanz,
Zwischenbilanz.

Ob das Gute
wirklich so gut war?

Ob das Schlechte
nur schlecht war?

Gott weiß,
wozu es gut war.

Zwischen den Jahren
lerne ich lesen –
zwischen den Zeilen.

> Das Zwischenmenschliche hat auch dieses Jahr wertvoll gemacht.
> Was zwischen uns Menschen geschieht, bereichert unser Leben.
> Auch wenn es menschelt zwischen uns Menschen.

DEZEMBER
29

Es gibt Zeiten,
da geht das Leben
an dir vorbei.

Es gibt Wochen,
das erlebst du mehr
als in vielen Jahren.

Es gibt Augenblicke,
die sind so schön,
dass sie dich begleiten
ein Leben lang.

> Die Erinnerung ist das einzige Paradies,
> aus dem wir nicht vertrieben werden
> können.
> *Jean Paul (1762–1825)*

DEZEMBER
30

LEBEN rückwärts NEBEL.
Wir können jetzt noch nicht
durch den Nebel sehen.

Blicken wir auf dieses Jahr zurück,
bleibt so manches im Verborgenen.
Wir erkennen nicht den Sinn.

Doch wir erahnen,
dass nichts umsonst geschieht
und wir nicht vergebens leben.

Zu guter Letzt wird uns
Kurzsichtigen klar werden,
wozu wir unterwegs waren:

Um Mensch zu werden.

> Jetzt schauen wir in einen Spiegel
> und sehen nur rätselhafte Umrisse;
> dann aber schauen wir
> von Angesicht zu Angesicht.
> 1 Kor 13,12

DEZEMBER
31

           12 Monate
           52 Wochen
         365 Tage
      8 760 Stunden
   525 600 Minuten
31 536 000 Sekunden
            1 Augenblick
             für die Ewigkeit.

Ich wünsche dir alles Gute
für den nächsten Augenblick!

Dein Petrus

> Denn tausend Jahre sind für dich
> wie der Tag, der gestern vergangen ist,
> wie eine Wache in der Nacht.
> Ps 90,4

Bildnachweis:

S. 7:   © berggeist007, pixelio.de
S. 39: © Thomas Max Müller, pixelio.de
S. 67: © Marco Barnebeck, pixelio.de
S. 101: © Petra Schmidt, pixelio.de
S. 133: © Karl-Heinz Liebisch, pixelio.de
S. 165: © Willi Haimerl, pixelio.de
S. 197: © Rosel Eckstein, pixelio.de
S. 229: © Peter Heinrich, pixelio.de
S. 261: © Rainer Sturm, pixelio.de
S. 293: © Rainer Sturm, pixelio.de
S. 325: © Torsten Rempt, pixelio.de
S. 357: © Peter Bohot, pixelio.de

kbw Das letzte ABC

Petrus Ceelen
Den Abschied buchstabieren
Das Zeitliche segnen

13 x 20 cm; 168 Seiten; gebunden;
mit Leseband
ISBN 978-3-460-**30246**-4

Von A bis Z geht es in diesem Buch buchstäblich um das Letzte: Abschied, Bestattung, Friedhof, Grab, Obduktion, Sterben, Trauerfeier, Urne – einfühlsame Anregungen zum ehrlichen Umgang mit Abschied und Sterben.

Petrus Ceelen, Fridolin Wyss, Sepp Riedener
Verwundete Engel
Begegnungen mit Menschen am Rand

16,5 x 22,5 cm; 152 Seiten;
30 vierfarbige Bilder; Klappenbroschur
ISBN 978-3-460-**20889**-6

Drei Seelsorger erzählen vom Alltag am Rand unserer Gesellschaft und lassen uns ein Stück christliche Botschaft entdecken.

 bibelwerk

Verlag Katholisches Bibelwerk • Silberburgstraße 121 • 70176 Stuttgart
Tel. 0711/61920-37 • Fax -30 • info@bibelwerk.de • **www.bibelwerk.de**

Wenn Ungesagtes die Seele beschwert

Petrus Ceelen
Du fehlst mir
Gespräche mit Verstorbenen

13 x 20 cm; 128 Seiten; gebunden
ISBN 978-3-460-**30244**-0

Der Tod eines nahen Menschen unterbindet jede weitere Gesprächsmöglichkeit mit ihm. Viele Dinge – vor allem auch Gefühle der Wut, Enttäuschung und Scham gegenüber dem Verstorbenen – wurden zu dessen Lebzeiten oft nicht angesprochen. Daher ist es wichtig, Wege zu finden, mit dem Verstorbenen in den Dialog zu treten und Emotionen nicht nur zu fühlen, sondern auch an- und auszusprechen.
Die aus der seelsorglichen Praxis entstandenen Dialoge in diesem Buch regen zu einem ehrlichen Umgang mit Trauer und der Suche nach offenen Gesprächen mit Verstorbenen an.

 bibelwerk

Verlag Katholisches Bibelwerk • Silberburgstraße 121 • 70176 Stuttgart
Tel. 0711/61920-37 • Fax -30 • info@bibelwerk.de • **www.bibelwerk.de**

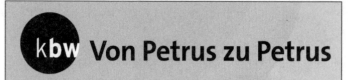

Von Petrus zu Petrus

Petrus Ceelen
Bei sich zuhause sein
Gespräche zwischen
Himmel und Erde

13,3 x 20,5 cm;
120 Seiten; mit Leseband; gebunden
ISBN 978-3-460-**30245**-7

Die Texte des bekannten Stuttgarter Seelsorgers ermutigen zum Fragenstellen und zur Auseinandersetzung mit der eigenen Lebensgeschichte. Im Gespräch mit seinem berühmten Namenspatron folgt Petrus Ceelen den Stationen und Erfahrungen seines eigenen Lebenswegs und berührt dabei die Lebensthemen, die Menschen von heute beschäftigen. Dabei spricht er viele Fragen an, die Christinnen und Christen in der Kirche von Heute auf der Seele liegen.

 bibelwerk

Verlag Katholisches Bibelwerk • Silberburgstraße 121 • 70176 Stuttgart
Tel. 0711/61920-37 • Fax -30 • info@bibelwerk.de • **www.bibelwerk.de**